認知症の人の気持ちが よくわかる 聞き方・話し方

浜松医科大学臨床看護学講座教授
鈴木 みずえ 監修

JN173118

池田書店

目次

農家に嫁いで朝から晩まで畑仕事をしていた。子どもが小さいときはおんぶしてなあ。よう働いたわ
小夜さん、今日は天気がいいので外に出てみましょうか
田んぼのほうに行ってみませんか？
烏の行水だったんですね
ああ、あっという間だった
お風呂は好きだったんですか？
お風呂は好きだったけど家族が多くて烏の行水だったな
小夜さん、それなら今日はお風呂が沸いているからいつもよりゆっくり入りましょう
入ってみようかね

BPSDを起こす・起こさないは「聞き方・話し方」次第

浜松医科大学臨床看護学講座教授
鈴木みずえ

認知症の人の「徘徊する」「暴力を振るう」「介助を嫌がる」といった行動や行為、いわゆるＢＰＳＤ（認知症の行動と心理症状／Ｐ19参照）がクローズアップされています。そして、これは病気が原因だから仕方がない、治らない、繰り返される、というように思っている人が多いのではないでしょうか。それは、間違いであり、多くの人が勘違いしていることをとても残念に思います。

認知症の人の症状には「中核症状」といわれる、病気が直接起因となって起こる症状があります。これは治すのが難しい症状です。しかし、徘徊、暴力、介護への抵抗といったいわゆるＢＰＳＤは、そのほとんどがストレスによって起こるものです（Ｐ144参照）。6ページのマンガを見ると、それがわかるでしょう。

新人の介護士は、お風呂に行くということは告げずに、「別のところへ行きましょう」と言って小夜さんを誘いました。そして連れていかれたのはお風呂。なぜお風呂に連れてこられたのかわからない小夜さんに対して、新人の介護士は「お風呂に入りますよー」「服を脱ぎましょ」と一方的に話をします。なんの説明もなくお風呂に連れてこられたら、それは驚きますし、怒るのも当然です。これを見て「ＢＰＳＤが起こっている」というのであれば、それは介護士が小夜さんに与えたストレスのせいで起こったＢＰＳＤです。

このように、ケアを「お風呂に入れたり、ご飯を食べさせたりするという業務」と捉え、その遂行だけを考えた結果、認知症の人に対してうそをついたり、ごまかしたり、強制したりするケースがあります。もしも、そのようなケアをし、その人にＢＰＳＤが起こったとしたら、すぐ

説明が不足していたり、ごまかそうとしたりしていませんか？

にケアを見直さなくてはいけません。

それでは、認知症の人がBPSDを起こすことがないようにケアをしていくには、どうしたらいいのでしょうか。

6ページのマンガをもう一度見てみましょう。

介護士の佐藤さんが、怒っている、泣いている小夜さんに対して、まず最初にしたことは、話しかけることです。そして、小夜さんがお風呂に入りたいのかどうか、思いを聞きます。小夜さんはまだ怒りや悲しみを抱えている様子です。そこで、介護士は、散歩を提案します。小夜さんの気分を変えてもらいたいのと、小夜さんの気持ちをきちんと受け止めようと考えたからです。小夜さんと会話をしているうちに、小夜さんの表情は変わっていきます。そして、よいタイミングで、もう一度お風呂の話をしてみると、小夜さんは介護士の話を聞いてくれて、「入ってみようかね」と答えてくれました。

このように、その人の話を聞き、受け止めることを大切にすることで、その人の気持ちが落ち着いていくのと同時に、ケアをする側はその人の気持ちがよくわかるようになっていきます。すると、その人の心に響く言葉を使って話しかけることもできるようになり、「あなたの言うことなら、聞きますよ」といった信頼のある関係になっていくことができます。

「認知症の人は忘れてしまうから、今だけ、ごまかしておけば大丈夫」「うそをついても、わからないからいい」といった、認知症の人に対する間違った考え方は、認知症の人の価値を低め、ひいてはBPSDを起こす原因となります。忘れてしまったとしても、ごまかされたこと、うそをついたことによる「なんとなく変だな」「バカにされているのかな」といった不信感は、認知症の人に残ります。人と人との信頼関係を築くために、してはいけないことは、誰に対しても行ってはいけません。

「聞くこと・話すこと」で認知症の人の気持ちを探り、受け止めましょう。この本では、そのための心得やテクニックをお伝えします。取り入れることで、認知症の人の気持ちがわかるようになり、ケアの質が変わり、信頼関係が生まれ、ケアが楽しく、楽になっていくことを願っています。

その人の呼吸を感じながら「声」を拾い続ける

社会福祉法人 沼風会　佐久間尚実

「洋服に虫が入った！」とうそをつくと……

グループホームで過ごす澄子さんは、いつも風呂場の脱衣所で大興奮します。「何するの!?　人殺し〜！」と言って、手をひっかいたり噛みついたりするので、介護士たちは手を焼いていました。

ある日、ベテラン介護士が澄子さんの介助を行うことになりました。彼女はいきなり叫びました。「澄子さん、大変！　虫が洋服の中に入っちゃった！」。虫が大嫌いな澄子さんは「きゃ〜！　いや〜！」と大騒ぎ。そのすきに「澄子さん、ちょっと洋服脱ぎますよ。手を上げて！」と言って、みるみる洋服を脱がせることに成功！　その手際のよさに、そばにいたほかのスタッフも入居者さんもしきりに感心しました。その後、澄子さんはすぐに、虫がいたのはうそだったと気づきましたが、抵抗する間もなく風呂場へ連れていかれました。

「なぜ？」と理由を聞いてみたか？

このケアは、澄子さんの気持ちを尊重したものといえるでしょうか。入浴させないと、という使命感がこのケアの背景にあると思いますが、澄子さんの気持ちは置き去りにされたままです。

最初に澄子さんが「洋服を脱ぎたくない」と言ったとき、介護士は「なぜ？」と聞いてみたのでしょうか。「拒否する人」というレッテルを貼っていなかったでしょうか。話を聞いてもらえず、暴力的に服を脱がされ続けた結果、澄子さんは脱衣所で毎回大騒ぎ状態となった、とは考えられないでしょうか。

人を丸め込むようなケアは信頼関係を壊す

認知症の人は、経験したことをなかなか覚えられなくても、繰り返されることによりなんらかの形で記憶します。そのため、このようなケアを繰り返していると、風呂場では「何かされる。怖い」と警戒し、介護士を「嫌な人」と記憶するでしょう。

人を丸め込もうとする声かけは、澄子さんを深く傷つけ、介護士と澄子さんとの信頼関係を壊してしまいます。同時に、だましている様子を見ているほかの入居者さんと介護士との信頼関係をも壊します。

どんなに抵抗しても力ずくで洋服をはぎ取られるという経験は、澄子さんを「何をやっても無駄だ」と絶望の淵に追いやる可能性があります。「最近、澄子さん、元気ないね」とスタッフ同士で話をするようになるころには、もう以前のような元気な澄子さんには戻らないかもしれません。そうした状態になった大きな原因は、澄子さんにレッテルを貼り、無理やり洋服をはぎ取り続けたケアにあります。しかし、それに気づく介護士は残念ながら皆無に近いです。

その人の「声」を拾い続ける

本来、ケアは相互交流の中で行われます。ケアをされる人の希望を介護者（ケアをする人）がキャッチし、その手でケアを提供します。ケアをされる人は希望が叶えられ、笑顔や言葉で介護者へフィードバックし、介護者は喜びを得る、という一連のやりとりが、ケアの基本的な姿だと思います。

澄子さんの場合も最初の脱衣の場面で介護士が「人前では嫌ですか?」「お風呂はまだいいですか?」など、洋服を脱ぎたくない理由を想像しながら語りかけていたら、その後の介護士のケアは澄子さんの気持ちを反映したものになったことでしょう。

現実はあまりにも複雑です。特に、障害のために自分の気持ちを伝えられない人のニーズのキャッチには、高度な観察力やコミュニケーション能力、情報収集とアセスメント能力などが求められます。しかし、自分には無理だとあきらめずに、その人のそばにいて呼吸を感じながらその人の「声」を拾い続けましょう。うまくいかない原因をその人の中ではなく、自分たちの関わりの中に見出す勇気をもちましょう。高度な知識などなくても、目の前のケアをされる人があなたの教科書になってくれるはずです。

「聞くこと・話すこと」を通して認知症の人の気持ちに寄り添うケアを

社会福祉法人 こうほうえん
中嶋健児

介護の場では、時折、認知症の人からの問いかけに対して「忙しいから」「同じ話だから」という理由で、話を最後まで聞かず、答えを伝えてしまう場面を見かけます。問いかけをした人は、その瞬間、求めていた答えが返ってきたと感じているでしょうか？　ニーズは満たされているのでしょうか？

たとえば、デイサービスを利用している譲二さん。いつも昼食後に「マサルはどこですか？　帰りたいのですが……」と言います。それを聞いたスタッフは「いつものことだ」と思い、「息子さんは今、仕事中です。夕方5時に家にお送りします」と、毎回同じ答えを言います。果たしてそれでいいのでしょうか？「帰りたい」と言っているので、息子さんを探す最終目的は家に連れて帰ってもらうことかもしれません。しかし、しっかりと話を聞かなければ、そのときの思いは満たされません。そこで、譲二さんの隣に座り、話を聞いてみました。すると「昼食をごちそうになったから、そのことを伝えたいんだ」「昼食の代金を払ってもらわないといけないから」と、話してくれました。施設で食べた昼食代のことが気になっていたのです。「お代は息子さんからもらっていますから、安心してください」と伝えると、譲二さんは「おー、そうか」と言って、安心した顔になりました。

このように、認知症の人からの問いかけに対して、それがいつもの問いかけのセリフだったとしても、最後まで話を聞くことが大事です。「しっかりと目を見て聞く・話す」ことを心がけることにより、求められていることを知り、応えることができます。

また、毎日のように「財布（大切なもの）が見当たらなくなった」と困り、訴えてくる方に対して、その置き場所を知っているスタッフは、「ここにありますよ」とすぐにある場所を伝えることで、自分は応えたと思うかもしれません。でも、もしかしたら、その人は「なぜこの人は財布（大切なもの）のある場所を知っているのだろうか？ 違う場所に隠しておく必要があるのではないか？」と不安になり、また隠して見当たらなくなってしまうことを繰り返す可能性もあります。このような場合も、「しっかりと目を見て聞く・話す」ことが大事です。見当たらなくなって困っている気持ちを受け止めて、共感し、一緒に問題や不安を解決していくようにしましょう。

「聞くこと・話すこと」を通して、認知症の人の気持ちに寄り添う……そんな介護スタッフが増えていくことを願っています。

認知症の人から同じことを繰り返し問いかけられたとき、あなたならどちらの対応をしますか？

「話を聞かせていただきありがとう」という気持ちで面談を

一般社団法人 三豊市立西香川病院 院長　大塚智丈

私が物忘れ外来での診察を開始して十数年になります。開始当初は、「本人が怒っている」という理由で二度目以降の受診に本人が来ないことがまれではなく、当時の私にはその訳がよくわかりませんでした。しかし、その後、外来での診察や書籍などで、認知症の人の心の状態を知る機会があり、次第に認知症の人の心情や心理を知る重要性に気がつきました。そして、それからは診察態度や治療の力点を大きく転換し、今に至ります。現在では、二度目以降の受診に来ない人はほとんどいませんし、患者さんの笑顔が増えました。

今、私が認知症の人と面談するときに、気をつけていることはいくつもありますが、なかでも、大切に思っていることは以下の４つです。

1 感謝と敬意の気持ちをもち、伝える

患者さんが診察室に入ってきたら「こんにちは、医師の大塚です」と、にこやかに、ていねいにあいさつをします。自らの希望ではなく来院される方もいます。診察に協力していただくことへの感謝と敬意の気持ちをもち、それが相手に伝わるように、できるだけ明確に態度で示すように努めます。受診の理由を尋ねるときも「今日は、どういったことでこちらに来られましたか？」と、敬語を使って話しかけます。そして、診察が終わったら「今日はありがとうございました」と感謝の気持ちを伝えます。

2 しばらくは、本人だけをしっかり見て話す

家族同伴の場合、家族にばかり質問をしてしまうのではなく、まずは本人をしっかり見て、本人と話すようにします。家族との会話は後回しにすることを心がけるのです。家族に対しては、事前に、本人への問診中は原則として発言を控えていただくようお願いしておきます。

3「あなたの役に立ちたい」という気持ちで接する

問診の際は、「物忘れの評価」が目的ではなく、「その人の役に立つこと」が目的と考え、「困ったことに対して、あなたの役に立ちたい。だから、あなたのことを、どうぞ教えてください」という気持ちをもって接します。

問診をしているときは、本人から物忘れの訴えがない限り、しばらくはそれには触れません。受診理由を聞いたあとは、身体疾患の病歴、家族の近況などの質問を続けます。質問を続けるうちに、答えに詰まり、記憶があいまいな状況が現れます。そこで初めて、「お年を召されると皆さん当然忘れっぽくなられますが、○○さんはいかがですか?」と聞きます。多くの場合、自分の物忘れについて完全に否定はしません。続けて「ご高齢の皆さんに物忘れのチェックもさせていただいていますが、一度、物忘れのチェックをさせていただいてもよろしいですか」などと尋ねます。物忘れのチェックについては、答えていただいていることに感謝しつつ、答えられた部分については「その通りです」と強調し、答えられなかった部分については「皆さん、なかなか答えられないことが多いです」「年を重ねれば、皆さんこのくらいです」などと声がけをします。失敗感、疎外感などがなるべく残らないように努めます。

4 本人の代弁者として家族に状況を伝える

家族など周囲の人たちが認知症の人の心の状態を最初から理解することは、とても難しいことです。そのため、悪気はないのですが、物忘れや失敗を指摘したり、叱咤激励したりしてしまいます。それをそのままにしておくと、認知症の人は自信と余裕をなくし、不安や緊張が強くなり、いわゆるBPSDが現れることにつながっていきます。認知症の人のため、家族など周囲の人のためにも、専門職（医師、看護師、介護士など）が本人の心情、心理を含めた今の状況を十分に理解し、代弁者として、まだ理解できていない人たちに伝えていくことが必要かつ重要であると考えています。そこで、家族や周囲の人たちの気持ちも（否定するのではなく）受け止めながら、本人との人間関係、負担感、性格、認知症観、介護観、人間観などを把握し、反応や態度を見つつ、本人の心情、心理を含めた今の状態を説明します。

この本の見方について

●本書の事例は、専門職（看護師、介護士、作業療法士など）の方々に取材をし、実際にあった話がベースとなっています。登場する認知症の人の名前はすべて仮名です。

●２章に記載の COMMENTS BY PROFESSIONALS は、専門職の方々からのコメントです。巻末の「取材協力」のページにお名前のある方々です。実際に認知症の人をケアするときの「聞き方・話し方」で気をつけていること、工夫していることなどを教えていただきました。

●３章と４章は実例をマンガで紹介しているもの、会話で紹介しているものの２パターンあります。３章と４章のページの見方は以下のとおりです。

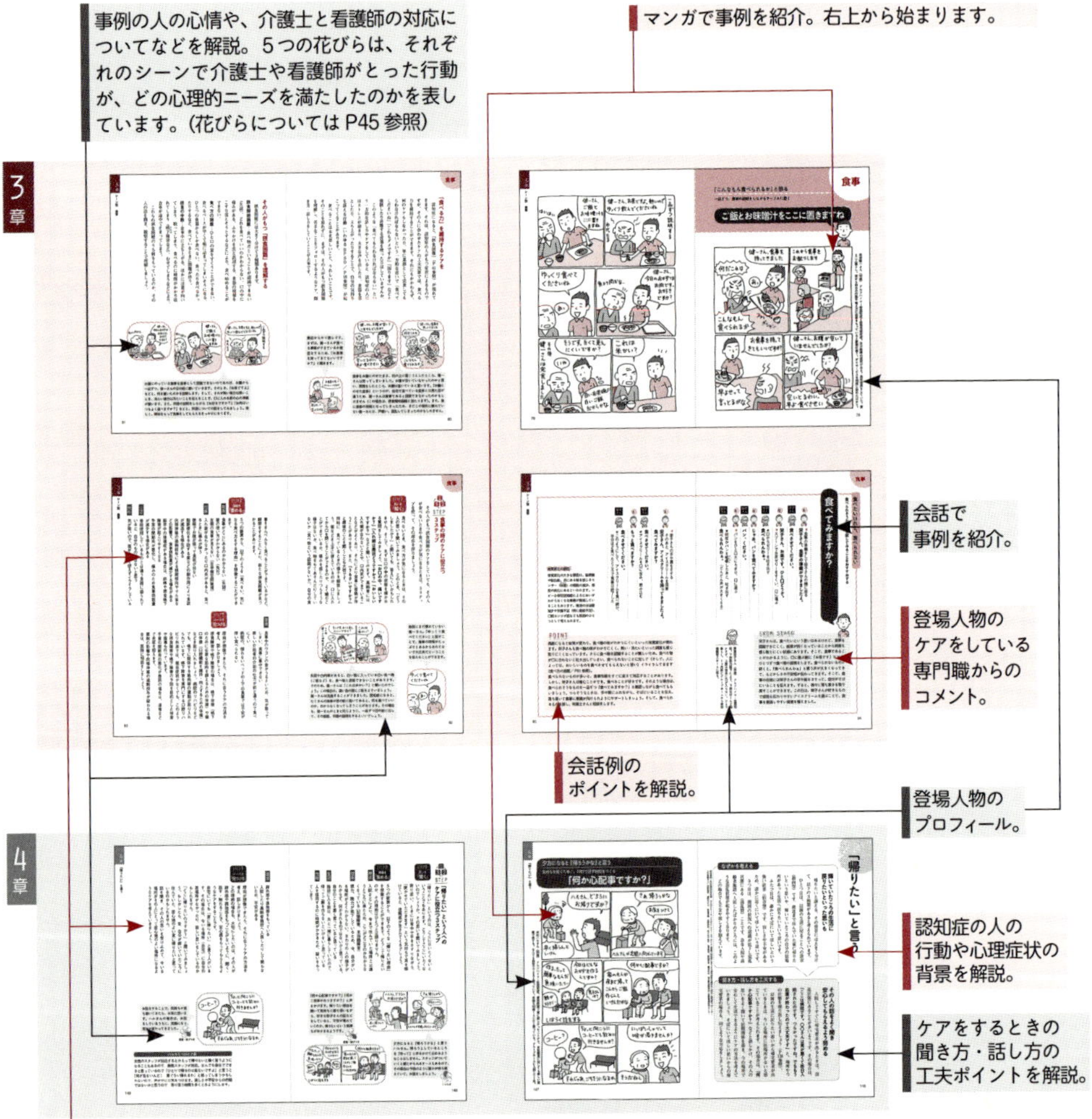

３ステップについてはP43〜56を参照。STEP２に出てくる５つの項目（パーソン・センタード・モデル）は、右のように略してあります。

脳の障害＝**障害**　性格傾向＝**性格**
身体の健康状態＝**健康**　社会心理＝**環境**
生活歴＝**生活**

1章

その人の苦手を理解するために知っておきたい

認知症の人に起こる障害

認知症の人をケアするときは、
まずはその人の障害を知ることが重要です。
そこで、ここでは認知症の定義と障害について解説します。
具体的な実例から、障害についての理解を深めましょう。
そして、その人の障害（苦手）をサポートするための
よりよい聞き方・話し方について考え、
実践の自信へとつなげていきましょう。

認知症の人に起こる障害とは

認知症とは、下記の6つの神経認知領域のうち、ひとつ以上が障害され、その障害によって日常の社会生活や対人関係に支障をきたしている状態をいいます（ただし、せん妄、そのほかの精神疾患は除外された場合）。――DSM5・米国精神医学会による診断マニュアルより

認知症の「中核症状」といわれるのが、この6つの神経認知領域の障害です。症状の種類や程度の差はあれ、認知症の人は必ずもっているものです。そして、障害があると苦手なことができてきます。

そこで具体的に、それぞれの障害により、どんなことがその人に起こるのか（何が苦手になるのか）、20ページから見ていきましょう。人それぞれの苦手を理解することにより、その人とのコミュニケーションがとりやすい「聞き方・話し方」を常に考え、実行していきましょう。

複雑性注意 さまざまな刺激の中から、必要とする特定の刺激を選択して、それに集中する能力。

実行機能 計画を立て、適切に実行する能力。

学習と記憶 新しい知識の獲得と、過去に経験したことや覚えたことを頭の中に残しておく能力。

言語 言語を理解したり表出したりする能力。

知覚－運動 正しく知覚したり、道具を適切に使ったりする能力。

社会的認知 他人の気持ちに配慮したり、表情を適切に把握したりする能力。

せん妄

せん妄とは、身体疾患などが起因となり、注意障害、意識障害が起こる状態をいいます。数時間から数日で発症し、一日の中でも状況は変動し、夜間に症状が悪化する傾向にあります。一過性のもので、回復すれば症状は消失します。

認知症の中核症状とBPSD

認知症の直接の原因に関係して起こる症状

中核症状

複雑性注意障害
実行機能障害
学習と記憶の障害（記憶障害）
言語障害（失語、失書）
失行、失認、視空間認知障害など
脱抑制など

これら中核症状については、その人にとっては苦手なことと捉え、理解し、受け入れ、サポートしていくようにしましょう。

環境の変化、身体の不調、ケアの不足によるストレスから生じるもの

BPSD（認知症の行動と心理症状）

不安、抑うつ、意欲低下・アパシー、幻覚・妄想、焦燥、常同行動、徘徊、帰宅要求、夕暮れ症候群、物盗られ妄想、大声、多弁・多動、暴言・暴力、介護への抵抗、まとわりつき、過干渉、性的逸脱行為、脱衣、収集、昼夜リズム障害、不潔行為、ろう便、拒食、過食、異食など

これらＢＰＳＤについては、ケアによって改善できるものと捉え、自らのケアについて振り返り、その人のニーズを満たすケアを実行しましょう（そのためには、認知症の人の「思いを聞く」「情報を集める」「ニーズを見つける」という3ステップを活用しましょう／Ｐ43～56参照）。

＊幻覚、常同行動については、認知症の種類によっては中核症状となります。

「複雑性注意」の障害

複雑性注意障害

「複雑性注意」とは、さまざまな刺激の中から、必要とする特定の刺激を選択して、それに集中する能力です。これに障害が起きると、昔からしていた家事ができなくなったり、間違いが多くなったりします。また、ふたつ以上の刺激に注意を向けるのが難しくなります。そのため、「ながら」仕事が難しくなり、ラジオを聴きながら料理をすることなどができなくなります。仕事にかかる時間が長くなることもあります。

複雑性注意障害が起こると……

何か（課題）をする前に
考える時間が
通常よりも長い。

注意がほかへそれやすく、
ほかの刺激があると
それに引き込まれやすい。

いろいろな作業で
ミスが増える。

集中力が
長続きしない。

「ながら」仕事ができない。
テレビ、ラジオを視聴していたり、人の会話が聞こえたり、
携帯電話を使用していたり、自動車を運転していたりするときは、
ほかのことを考えたり、何かすることが難しい。

見当識障害*が
現れる。

ぼんやりして
反応が遅い。

するべき作業が
複雑であると
できない。

苦手をサポートするには!

●物事に集中するのが苦手なため、話を聞いたり、話したり、作業をするときは、気が散りにくい静かな環境を選びましょう。

●ひとつのことに対して時間が長くかかる作業は苦手です。ひとつひとつを短い時間で終わらせることができるように工夫しましょう。たとえば、食事も時間が長くかかると集中力が落ちて、途中で箸が止まってしまうことがあります。集中できる環境で食べてもらうようにします。

●選択肢が多い状況は混乱を起こしてしまうため、苦手です。選んでもらうときは、選択肢を少なくしましょう。

花を選んでもらうときも、多くからではなく、2本くらいからにする。

●素早く考えることが苦手なため、動き出しや返事をゆっくりと待つようにしましょう。

●見当識障害が起きているときは、時間についてであれば、日々の会話の中に日時や季節などを盛り込んだり、時計やカレンダーを使って会話をしたりすることで、時間を意識してもらいましょう。場所や人についてなら、今いる場所、移動中なら行く場所、自分の名前、スタッフの名前などを繰り返し伝えましょう。

●火を使うときや信号を渡るときなど、危険を伴う行動をするときは、必ずサポートをするようにしましょう。

＊見当識障害とは
時間、場所、周囲の人や状況について正しく認識する機能の障害のことをいう。失認によっても起こる。時間の見当識障害が起こると、今日が何月何日なのか、今が何時なのか、どの季節なのか、などがわからなくなる。場所の見当識障害が起こると、自分が今いる場所や、目的地との位置関係がわからなくなる。人物の見当識障害が起こると、日常的に接している人や家族、親しい人がわからなくなる。

「実行機能」の障害

実行機能障害

「実行機能」とは、計画を立て、適切に実行する能力のことをいいます。これに障害が起きると、料理のように手順がいくつも必要な仕事をこなすことが困難になります。また、整理整頓が難しくなったり、人との会話についていけないことも増えたりします。

実行機能障害は、複雑性注意、学習と記憶、言語、知覚－運動などの障害の結果として見られます。

実行機能障害が起こると……

動作や作業が
多いことをするのに
努力が必要。

複雑な作業が
できなくなるため
やめてしまう。

旅行のプランを
立てるのが難しい。

自動車を
運転していて
不注意な事故が増える。

現金自動預け払い機
（ATM）を
操作できない。

伝票を書き忘れるなど事務仕事でミスが増える。
予定の管理ができない。仕事の段取りが悪い。
複雑な仕事がこなせない。

得意だった料理も、献立を考えて
段取りよく調理をすることが苦手になる。
そのため、料理をするのを避けるようになる。

携帯電話や
リモコンの操作方法が
わからない。

苦手をサポートするには！

●手数が多いことは苦手なため、数をごく少数に絞ります。もしも、手数が多めのときは、ひとつひとつに分けて、説明していきます。たとえば、カレーを作るときは、まずはにんじんを乱切りにする作業のことだけを伝えます。それが終わったら、次はじゃがいもの皮をむく作業のことだけを伝えます。このようにすると、その人が行う作業は常に単純なひとつの作業となり、これを積み重ねていけば、手数の多い料理でも仕上げることができます（ただし、できない作業は手伝うようにします）。

●更衣の場合は、本人が着やすいように、下着など最初に着るものから順番に衣服を重ねて置いておきましょう（上にあるものから順番に着るだけで、正しく着られます）。

●複雑な作業や手数が多いことが苦手なため、作業などをやりたくない気持ちになり、意欲が低下していくことがあります。そうならないように、自分でできることをし続けられるような支援を大切にしましょう。

車椅子に乗るときも、行うべき動作はいくつもあるので、ひとつの動きごとに、ていねいに説明する。

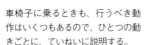

学習と記憶の障害（記憶障害）

新しい知識の獲得と、過去に経験したことや覚えたことを頭の中に残しておく能力に障害が起きると「学習と記憶の障害（記憶障害）」が起こります。認知症の人の場合は、記憶の帯の中の一部が抜けて「体験したこと自体を忘れてしまう」ということが起こります。比較的保たれる傾向にあるのが、長期記憶の中の手続き記憶（自転車を漕ぐ、裁縫をするなど体で覚えたこと）とエピソード記憶（いつ、どこで、何が起こったかという日常の出来事の記憶。子どものころの思い出など）です。記憶は消えても、楽しかったり、嫌だったりする感情は残ります。

学習と記憶の障害（記憶障害）が起こると……

数分前の出来事を
覚えていない。

同じ話を
何度も繰り返す。

最近の出来事を
思い出すのに
苦労する。

しばしば
同じ会話の中で
同じ内容を繰り返す。

出来事自体の記憶がなくなる
（映画を観に行ったということ自体を忘れる）。

一日の予定を
思い出すことが
できない。

請求したものが
すでに支払われたかどうか
思い出せない。

買い物をするとき
何を買うつもりだったのか
思い出せない。

苦手をサポートするには!

●覚えておいてほしいことは、何度も短い言葉で繰り返し言いましょう。

●文字がわかる人にはメモを残したり、掲示をしたりしましょう。掲示は、その人がわかる言葉や絵を併用すると、より理解しやすくなります(記憶障害と思っていることが、失語症の影響であることがよくあります。そこで、視覚性記憶が保たれている場合は、非言語的なアプローチが重要です)。

●日用品(メガネ、湯のみなど)はいつも決まったところに置いておきましょう。

●認知症の人は新しいことを覚えるのが苦手ですが、手続き記憶は残りやすい傾向にあります。そこで、言葉だけでなく視覚も使って伝え続けることにより、行動が習慣化できることがあります。たとえば、歩行器の利用を忘れていた人に対して、スタッフが実際に歩行器の使い方を見せながら「使いましょう」という声かけをし続けたことで、いつのまにか声かけをしなくても自分から歩行器を使うようになった例があります。

●忘れたことについては、決して責めないようにしましょう。

その人にとってわかりやすい掲示を心がけること。トイレの表示なら「トイレ」「便所」と両方書き、トイレのマークも描いておくと、よりわかりやすい。

言語障害（失語、失書）

言語を理解したり表出したりする能力に障害が起きると「言語障害（失語、失書）」が起きます。言語障害には3つのことが関わっています。ひとつ目は失語症です。言葉が思い出しにくくなり「あれ」「それ」と言うことが増えてきます。また、話が通じづらくなる、文法が理解できなくなるなどの障害があります。ふたつ目は構音（音を発すること）の異常です。脳幹などの構音器官の異常によるもので、ろれつ障害などを伴い、発語がしづらくなります。3つ目は、構音のプログラムの異常です。発語がたどたどしく、話しづらそうになります。

言語障害（失語、失書）が起こると……

「あれ」「それ」
などの言葉をよく使う。

言葉を発する
スピードが遅い。

「時計」を
「とでい」と言う。

言葉が出にくく、
また、たどたどしく話す。

なめらかに会話はできるが
内容を間違ってしまったり
決まった表現を繰り返してしまったりする。

相手の言う言葉を
おうむ返しすることが
増える。

知っている字が
書けなくなる。

「今日、天気、よい」といった表現をする
（文法操作が難しくなる）。

苦手をサポートするには！

●言葉で伝えることが苦手なため、まずはその人の話をよく聞く姿勢が大事です。伝えたい言葉が出てきたら、その言葉を繰り返して、しっかりと聞いて、受け止めていることを伝えます。

●その人が話をしているときは、言葉だけでなく動き（身振り、手振り）もよく見ていることが大事です。

●その人に何かを伝えるときは、短い言葉を使い、ゆっくりと話しましょう。

●ジェスチャーも利用して伝えましょう。たとえば、「食べてください」と伝えたいときはスプーンで食べる動作をしながら言葉でも伝えます。

●会話のときによく使う言葉をカードやコミュニケーションボードに書いておき、会話のときに利用しましょう（書く言葉の例：トイレに行きたい。部屋に行きたい。今日の昼ご飯は何？）。このとき、漢字やひらがな、イラストなど、その人に伝わりやすい文字や絵を選び、使います。

●質問をするなど話しかけたら、その人が答えるまでゆっくりと待ちます。

会話をするのが難しい人の場合は、その人の表情をよく見ていることがとても大切。ゆっくりと話をして、それを理解しているか、うなずきや目の動きなどに注目する。

失行、失認、視空間認知障害など

「知覚－運動」の能力に障害が起こると、失行、失認、視空間認知障害、構成障害などが起こります。「失行」とは、経験や教育、社会的慣例などにより習得した動作ができなくなる障害です。「失認」とは、ほかの感覚を介せば認知可能であるが、ある感覚ではその対象を正しく認識することができなくなる障害です。「視空間認知障害」は、空間の位置関係、物の奥行き、距離感などを正しく認識できなくなる障害です。半側空間無視（大脳の損傷がある側と反対の空間に注意が向かない病態）などがあります。

失行、失認、視空間認知障害などが起こると……

細かく小さなものをつまめない。正しく手袋がはめられない。（失行）

ゴルフボールを見てみかんだと思う。（失認）

図の模写、手指の形の模倣などができない。（構成障害）

トレーの左半分の食事を残す。顔の左半分のヒゲを剃り残す。（半側空間無視）

「さようなら」や「おいでおいで」のような言葉で動作が思い浮かぶ社会的慣例的動作の身振りや仕草（ジェスチャー）を間違える。（失行）

以前からやり慣れていた活動（道具の使用や自動車の運転）や慣れた環境での移動が著しく困難になる。（失行）

大工仕事、組み立て、縫い物、編み物のような空間作業をするのに大きな努力を必要とする。

苦手をサポートするには！

●失認により、ある感覚で正しく認識できないときは、それ以外の感覚を使って認識できるような工夫をしましょう。たとえば、見ただけではシャンプーとリンスの違いわからない場合は、触ることで判別ができるような凹凸のあるシールを貼っておくなどします。

●失行により、道具の使用方法がわからないときは、使い方を口頭で伝えるだけでなく、ジェスチャーも使って伝えましょう。

●空間の位置関係、物の奥行き、距離感などを正しく認識することが苦手なときは、ぶつかる可能性がある出っ張りなどを部屋の中からなくすようにしましょう。

●左半側空間無視がある場合、食事を出すときは右側の、その人が見える範囲に置きましょう（左側には置かない）。

●左半側空間無視がある場合、左側の何かにぶつかるなど半側空間無視を原因とした転倒を起こしやすいので、歩行の際には注意しましょう。

白い器に白いご飯が入っていると、それをご飯だと認識できないことがある。その場合は、ご飯は色のついた器によそう。

「社会的認知」の障害

脱抑制など

「社会的認知機能」とは、人が社会の中で適切に生活するために必要な認知機能です。この障害が起こると、行動や態度に微妙な変化が出現し、「脱抑制」「顔の表情を読む能力の低下」「感情移入の減少」「外向性または内向性の増大」「無気力」「落ち着きを失った状態」などが起きます。これにより、相手や周囲の状況を確認し、それに適した行動がとれなくなり、社会性がないと思われる行動・行為を行ってしまいます。

脱抑制などが起こると……

万引きをするなど
社会的に不適切な
行動をしてしまう。

興味をもっていない
話題に対して極端に
固執したり
立ち返ったりする。

相手や周囲の状況を
認識し、それに適した
行動がとれない。

同じ行動を繰り返す。
（常同行動）

自分が進む道にいる人を
押しのけてしまうといった
安全性を無視した判断をする。

多幸感をもつ。
理由もないのに過度に
機嫌がよかったり
幸せそうだったりする。

他人の感情を配慮しない
あるいは傷つけるようなことを言う。
家族や友人に対して
配慮のない行動をする。

人と会話をしている際でも
その場を立ち去ってしまう。

苦手をサポートするには！

●自分の気持ちを抑えることが苦手なため、可能な限り、その人がしたいことができるような環境を整えましょう。

●自分がしたいことができないと、どうしてもイライラしてしまいます。そのことに早めに気づくようにしましょう。そして理由を考え、早めに環境を変えるなど、ストレスがたまらないようにサポートすることが大事です。

●社会性のある行動・行為ができないため、わがままな行動や行為に見えてしまうことがあります。しかし、そのことを否定したり非難したりしてはいけません。

●その人が関わりをもっている人たちに状況を説明し、理解を求めましょう。たとえば、お金を払わずに商品を持ってきてしまうことがあるようなら、お店の人に状況を伝え、そのような場合はあとで支払うので協力をお願いしたいと話をしておきます。

繰り返される行動（常同行動）がある場合は、それを無理やり止めるのではなく、可能であれば心地よく続けられる環境を整える。

column

その人が何を話したいのか知りたいときは キーワードを見つけて繰り返す

グループホームを利用している方で、口から出る言葉がうまくつながらず、何を伝えたいのか、理解するのがとても難しい永子さんという方がいます。私は永子さんが、何を伝えたいのか、顔を見ながら声に集中します。そして、繰り返し口から出る言葉（キーワード）を同じように繰り返してみます。たとえば、「おじいちゃん、行っちゃった」と永子さんが言うと、私も「おじいちゃん、行っちゃった」と同じ言葉を話しかけてみます。すると、永子さんは私が理解していることがわかるのか、言葉を続けます。そして永子さんから出てくる言葉を聞いて繰り返しながら、「今、永子さんはどの世界にいるのかな？」「町の名前が出てきたから、その町に住んでいたころの話かな？」「おじいちゃんは、もしかしたら旦那さんのことかもしれない……」などと、永子さんの今までの生活や経験と照らし合わせながら、想像していきます。

その日は涙ぐんでいたので、話を聞きながら手をそっとつなぎました。そして、しばらく話をしていると、涙が止まり、落ち着いてきました。

話の辻褄が合わず、会話は成り立っていないようでも、キーワードを繰り返すことで、「話をわかってくれた」と思ってくれるようで、永子さんの中では、話ができる人が近くにいるという安心感が生まれているのかもしれません。

「何を話しているのかわからない」という理由で、その人との会話をあきらめたり、適当な相づちを打ったりすることは、その人を否定することにつながります。思いを聞こうという態度で接し、キーワードを見つけて繰り返しながら話を聞くことで、その人と同じ世界に入り、寄り添うことが大切だと感じています。

社会福祉法人 せんねん村
蜂谷佐知子

2章

認知症の人との会話における

聞き方・話し方の基本

認知症の人の声を聞き、話をするとき、
どのようなことに気をつけていますか？
ここでは、認知症の人の障害を「苦手なこと」と捉え、
それをサポートする聞き方・話し方の基本となる
8つの心得を紹介します。
この心得ひとつひとつに
認知症の人と心を通わすための
技と思いが含まれています。
理解し、取り入れることで
認知症の人とのコミュニケーションが
スムーズになっていきます。

その1 心得

安心感を与える

苦手なことが多い認知症の人は大きな不安を抱えています。安心感を与える姿勢や態度で会話をしましょう。

笑顔で、視線を合わせて

「言葉はていねいなのに顔が怖い」ということはありませんか。いくら言葉を選んでいたとしても、顔の表情が怖かったり、目線が合わなかったりしたら、その人の信頼を得ることは難しくなります。聞くとき・話すとき、基本は笑顔で、必ずその人と視線を合わせるようにしましょう（ただし、悲しい話のときなど、笑顔になれないときは、無理して笑顔を作る必要はありません）。

人は、笑顔の人を見ると自分も自然に微笑んで幸せな気分になり、怒った顔を見ると自分も不機嫌な気持ちになるものです。＊

また、認知症が進行した段階でも、「笑顔」「視線」「ジェスチャー」といった非言語シグナルを認知する能力はかなり保たれているといわれます。

＊これは「ミラーニューロン」という、目にした他者の動作を自分の脳内で鏡のように映し出す神経細胞の働きによるものといわれています（資料／国立長寿医療研究センター脳機能画像診断開発部と認知症介護研究・研修大府センターとの共同研究による「にこにこリハ」）。

何かに誘うときも笑顔で。その人の心を動かすきっかけになるかもしれません。

移動するときは緊張が伴うため、笑顔でひとつずつ説明することが大切。

不安を強く感じているときこそ、笑顔で話しかけましょう。

COMMENTS BY PROFESSIONALS

- 認知症の人と目線を合わせるときは、目線を同じ「高さ」にすることだけでなく、その人が私を目で捉えられる「位置」を意識して近づきます。（杉田）
- 笑顔にはその人へのメッセージが含まれます。その人を思う気持ちが笑顔に現れるためです。「楽しさを伝える笑顔」「親しみを伝える笑顔」「安心感を伝える笑顔」……認知症の人がどんな状態かによって、笑顔も変わってくるでしょう。ただし、笑顔であっても「人を軽蔑する笑顔」は絶対にしません。（阿部）

やさしい声で

早口で話されると、認知症の人はうまく聞き取ることができません。また、強すぎる口調、大きくて圧倒する声は強い恐怖を感じます。あいさつをするとき、返事をするとき、話をするときなどは、ゆっくりと、大きすぎず小さすぎない、やさしいトーンの声にしましょう。

せっかくのあいさつも、声が大きすぎると驚きと恐怖を与えてしまいます。その人の近くで、あまり大きすぎないやさしい声で、ゆっくりと話しましょう。

温かく触れて

「安心してくださいね」「きちんとお話を聞いていますよ」という気持ちを伝えるために、ときとして取り入れたいのが触れるケアです。聞くとき・話すとき、肩や手に触れましょう。触れることで、手から気持ちが伝わり、安心感を与えることができるでしょう。温かさが行き交い、気持ちが通い合います。そして対等な関係になり、距離が縮まります。ただし、相手が体を硬直させるなど嫌だという意思を感じたら、それ以降触れるのは避けます。

不安そうなときは、手を握りながら話をするだけでも（ときには話をしないでそばにいるだけでも）、安心感を与えることができるでしょう。

COMMENTS BY PROFESSIONALS

- 耳の聞こえが悪い人に話しかけるときは、ただ大きな声で言うのではなく、ゆっくり、はっきり、低い声で話します。(井川)
- その人の背中や腰に手のひらで触れながら、その人と同じスピードで一緒に歩いたり、同じ動作をしながら一緒に椅子へ腰をかけるようにしています。(神谷)

その2 心得

集中しやすくする

認知症の人は、ひとつのことに集中することが苦手です。会話に集中できるような工夫が大事です。

名前を呼ぶ

話しかけるときは、「自分に話しかけている」とその人がわかるように名前を呼びましょう。

何も確認せずに、最初から下の名前で呼ぶと、呼ばれた人は「子ども扱いされた」と感じることがあります。そこで、まずは苗字で呼びかけてみます。そして、「どのようにお呼びしたらよろしいですか？」と聞いてみましょう。苗字がいい人もいれば、下の名前がいい人、昔から呼ばれ慣れているニックネームがいい人などもいます。

一子さん、私は山本と言います。ボウリングを一緒にやりませんか？

やさしいトーンで名前を呼びましょう。

女性の場合、結婚をすると苗字が変わります。認知症の人は、昔のころの世界にいることもあるので、婚姻後の苗字で呼ぶよりも、下の名前で呼んだほうが、自分のこととわかりやすい場合もあります。

静かな場所を選ぶ

認知症の人にとって、たくさん音がある場所は、うるさくてイライラする場所です。そうした中では、ひとつの音に集中することは難しくなります。そこで、会話をするときは、静かな場所を選びましょう。こちらの声に集中してもらうことができます。

COMMENTS BY PROFESSIONALS

- 何か話をする前には、その人の名前をゆっくりと呼び、目を合わせてから話し始めます。（神谷）
- 時間に応じて「○○さん、おはようございます」「○○さん、こんにちは」と名前を呼んで時候のあいさつをすると、今の時間帯も認識しやすくなります。（蜂谷）
- 「歯磨きをしましょう」と言うときは、歯磨きをするジェスチャーをしながら伝えることがよくあります。耳の聞こえが悪い方に対しても、ジェスチャーならよく伝わります。（蜂谷）

1対1で話す

たくさんの人からいろいろなことを話しかけられると、混乱することが誰にでもあります。特に認知症の人は、話しかけてくるすべての人の表情を読み取ることができないため、「責められている」と思ってしまったり、理解できないことから不安になり、パニックを起こしてしまったりすることもあります。

話をするときは1対1で、視線を合わせて行いましょう。

ひとつずつ、短い言葉で、ゆっくりと

「デイルームでカルタをするので、トイレに寄ってから行きませんか?」。このように複数の「伝えたいこと」を入れた話をすると、認知症の人は理解が難しくなります。「デイルームでカルタがあります」「行きませんか?」というように、伝えたいことはひとつずつ、短い言葉で、ゆっくりと話しましょう。

ジェスチャーや絵も使う

認知症の人の中には、言葉で情報を受け取るのが苦手な人もいます。そこで、言葉だけでなくジェスチャーや絵（表示）も取り入れましょう。聴覚と視覚を使うことで、より理解しやすくなります。

「大事」と言いながらその場所をさすると、どこが大事なのか伝わります。

たとえば事前に点滴の説明をするときはこのようなフリップを使って説明しましょう。

COMMENTS BY PROFESSIONALS

● たとえば、点滴を刺すとき。「これ、点滴です」と言って点滴を見てもらい、「○○さんの、栄養です」と必要な理由を伝え、「ここ（挿入する手をさすりながら）から入れます」と今からやることを伝えます。伝えたいことはポイントのみ短文で伝え、聴覚だけでなく視覚・触覚など患者さんの五感に働きかけるように意識して伝えます。（鈴木智子）

心得その3 理解し、選びやすくする

認知症の人は、多くの中から選択するのが苦手です。理解し、選びやすくするための工夫が必要です。

具体的な言葉を選ぶ

「あれ」「それ」といったあいまいな言葉を聞いたとき、それが何を指しているのか理解するのは難しいことです。「どこに行きたいのですか?」という開かれた質問も、人によっては答えにくいものです。

認知症の人と話をするときは、「便所ですか?」「お茶ですか?」というように、その人にとってわかりやすい具体的な言葉を選ぶようにしましょう。

「トイレ」よりも「便所」のほうがわかりやすい人もいます。

選択肢はふたつくらいまで

物やことを選んでもらうときは、選択肢をできるだけ少なくしましょう。たとえばジュースなら「りんごとみかん、どちらにしますか?」と、可能であれば物を用意して、見ながら選べるようにします。または、「はい」「いいえ」で答えられるような質問の仕方をしましょう。

たくさんの花からひとつを選ぶのは難しくなります。2本くらいに絞りましょう。

COMMENTS BY PROFESSIONALS

- 飲み物を選んでもらうときに、選択肢をたとえば「お茶とジュース」と伝えるよりも、形容詞をつけて「温かいお茶と冷たいジュース」と、より具体的な表現で伝えたほうが選択しやすくなることがあります。(蜂谷)
- 寝る時間になったら、「9時30分です」と時間を伝え、「そろそろ横になりませんか?」とお聞きします。「寝る時間だから寝ましょう」という声かけはせず、ご自分でどうするか決めていただくようにしています。(山中)

その4 心得

毎回、初対面と思って接する

認知症の人は、最近会った人や聞いたことを忘れてしまいがちです。毎回会うたびに初対面のときと同じように接しましょう。

毎回、あいさつと自己紹介をする

「こんにちは。看護師の三浦です」などというあいさつと自己紹介を、会うたびに行いましょう。何回会っていたとしても、認知症の人にとっては初めて会う人という認識かもしれないからです。

その日、2回目のお迎えだったとしても、1回目のときと同様にあいさつと自己紹介をします。

大切なことは繰り返し伝える

たとえば、ナースコールの使い方を一度伝えたとしても、すぐに忘れてしまうことがあります。大切なことであれば何度でも、繰り返し伝えましょう。最初に伝えたときと同じようにていねいに伝えます。必要に応じて、言葉だけでなく絵を使って説明したり、実際に使用しているところを見てもらったりします。繰り返しているうちに、覚えられることもあります。

ボタンを見せながら、説明をします。

COMMENTS BY PROFESSIONALS

- 街中で、昔少ししか関わりのなかった人から声をかけられ、「誰？　私のこと知っているの？　どこかで見たような……」と思ったことはありませんか？　認知症の人はいつもそう思うと考え、声をかけています。（阿部）
- 認知症の人にあいさつをするときは、「覚えてくれていますか？」と、記憶を確かめるような言い方はしません。必ず自分から名乗り、あいさつをします。（吉川）

その5 心得

言葉をじっくりと待つ

認知症の人は、何か伝えたいことがあっても、それを言葉にするのに時間がかかります。言葉が出てくるまで待ちましょう。

静かに待つ

話しかけたあと、その人から返事がなかなか返ってこないと、「わかりますか?」「悩みますよね」などと、つい何か続けて声をかけてしまうことがあるでしょう。しかし、そうした言葉があると、認知症の人は考えが止まってしまいがちです。

返事を待っている間は声をかけず、静かに待ちましょう。その人の表情や動きを見ていることでも、感情が伝わってきます。どんなことを伝えたいのかなと、想像しながら、じっと待つようにしましょう。

長すぎるかなと思うくらい待ちましょう。

触れてみる

じっと待っていても言葉が出てこないときは、どうしていいのかわからなくて困っているのかもしれませんし、答えることを忘れてしまっているかもしれません。

「不安にならないで大丈夫です」「近くにいるので安心してください」といった気持ちをもって、背中や肩、手に触れてみましょう。そして、その人の様子を見ながら、「○○さん」と静かに名前を呼んで、声をかけてみましょう。ただし、触れたときに少しでも嫌がるような様子が見られたら、すぐに止めるようにします。

COMMENTS BY PROFESSIONALS

- イライラしている様子が見られる方には、「どうされましたか?」と声をかけ、その方がお話してくれるのを待ちます。(佐藤義彦)
- 答えを待つ間、私たちが膝を揺すったり、そわそわしたりする動作は、答えを急がしていると認知症の人にも伝わります。(阿部)

心得その6 わかりやすい返事をする

認知症の人は、人の表情を読むのが苦手です。そこで、「話をきちんと聞いています」ということが、その人に伝わるような返事をしましょう。

相づちを打つ

話を聞きながら、相づちを打ちましょう。うなずいたり、「はい」と答えたり、「そうなんですね」「そうですか」「なるほど」などと答えて、話をきちんと聞いていることを伝えます。また、聞いたことに対して感想を言うのもいいでしょう。「すごいですね」「立派ですね」「驚きますね」「寂しいですね」「怖いですね」など、短い言葉で伝えます。

相づちを打つときは相手の目を見ましょう。

言葉を繰り返す

その人の話の中で、伝えたいという思いが詰まった言葉を聞いたときは、それを繰り返し言ってみましょう。たとえば、「自転車に乗っていたら転んじゃったのよ」と言ったら、「転んでしまったのですね」と繰り返します。すると、しっかりと話を受け止めていることが伝わります。

キーワードを見つけて、その言葉を繰り返します。

Comments By Professionals

- 返事の「ハイ」は1回にし、「ハイハイ」とは言わないようにしています。その場限りの適当な返事はしないようにしています。(吉川)
- 認知症の人が言った言葉を繰り返すときは、自分の顔の表情や声のトーンなどにも気をつけて、「言われたことは受け取りました」と伝わるようにしています。(阿部)

その7 心得

その人の価値を低める言葉・動作を避ける

認知症の人の価値を低めるような言葉や動作は、その人を悪い状態にしますので避けましょう。

おどし、怖がらせて無理に従わせる	例「今、交換しないと悪くなりますよ」「お風呂に入らないと先生に怒られますよ」
後回しにする	例 泣いて手を差し伸べている人に「あとでね」
急がせる	例 トイレの中にいる人に向かって「まだですか?」
子ども扱いする	例「取っちゃダメって言ってるでしょ」「よくできたね~」
レッテルづけをする	例「歩くのが遅いから車椅子がいいですね」
侮辱する	例「こんなこともできないの!?」
非難する	例「あー、またこぼした」「みんなに迷惑をかけますよ」
だましたりあざむいたりする	例「もう電車がないから帰れません」(まだ電車はある)
その人にとっての真実をわかろうとしない	例「今は仕事なんてしていないでしょ」「旦那さんは生きているって言うけど、もう死んだのよ」

能力を使わせないようにする	例「できないんだからダメです」
強制する	例「レクリエーションには絶対参加してください」
中断させる	例 食事が終わっていないのに、「もう時間ですから食器を下げます」
物扱いする	例 何も言わずに車椅子を動かす
差別する	例 ゲームをするとき「あなたは、弱いチームに入って」
無視する	例「○○さん、排便あった?」と本人の前でほかのスタッフに聞く(本人には聞かない)
のけ者にする	例 まわりの人に対して「○○さんには近づかないで」
あざける	例 部屋の隅で排尿した人に対して「そんなところでおしっこして犬みたい」

COMMENTS BY PROFESSIONALS

- その人が作業をしているとき、工程が間違っていたとしても危険でなければ止めません。たとえば、調理の場面でその人が戸惑っているときには、野菜を切るところなら、先にスタッフが切っているところを見てもらい、「次はこのように切ります」と伝えます。(山口)
- 間違えて歯ブラシで髪をといていた場合でも否定したり、あざけたりするようなことはしません。「こちらのほうがときやすいので交換しましょうか」と言葉をかけ、ブラシを手渡します。(吉川)

心得 その8

ケアの方法で悩んだら3ステップを使う

認知症の人に対して「どうやって声をかけたらいいのだろう」と悩んだときは、3ステップを使ってケアの方法を考えましょう。これはパーソン・センタード・ケアの考えに基づいた実施方法です。

パーソン・センタード・ケアの実践に欠かせない3ステップ

パーソン・センタード・ケアとは、「年齢や健康状態にかかわらず、すべての人々に価値があることを認め、尊重し、ひとりひとりの個性に応じた取り組みを行い、認知症をもつ人の視点を重視し、人間関係の重要性を強調したケア」です。英国の老年心理学者トム・キットウッド教授（英国ブラッドフォード大学）が1980年代に提唱しました。

もしもケアの方法で悩んだら、パーソン・センタード・ケアを実践するために欠かせない3ステップを使いましょう。「思いを聞く」「情報を集める」「ニーズを見つける」の3ステップです。この3ステップをふむことで、その人の思いがわかり、行動の理由を探ることができます。そして、その人の満たされていない思い（心理的ニーズ）に気がつくことができ、その人にとって今必要なケアを考えていくことができます。

COMMENTS BY PROFESSIONALS

- 認知症の人は、相手の表情や声のかけ方にとても敏感です。ケアをしている自分が困ったり悩んだりしていると、そのことをすぐに感じ取り、嫌な気持ちや不安になると思います。そこですぐに気持ちを切り替え、その人と話をして今の気持ちをよく聞き、その人のニーズに合うケアを考えていきます。（臼杵）
- 訪問先でお手伝いするときは、行動する前にひとつひとつ何をするのかを伝え、許可を得ます。「食事を持ってきました」「今から食事を温めてもいいですか？」「台所を使わせていただいてもいいですか？」など。（宮地）

「聞くこと・話すこと」で理由を探り、ケアを見つける

まずは、「思いを聞く」ことから始めます（STEP1）。その人の声に耳を傾けます。話がうまくできない人なら、体の動きや表情から気持ちを読み取りましょう。

次に、「情報を集める」こと（STEP2）。認知症の人の行動や気分は、パーソン・センタード・モデルと呼ばれる5つの要素、「脳の障害」「身体の健康状態」「生活歴」「生活傾向」「社会心理（環境－対人・社会的・物理的）」が複雑に関連し合って生じていると、トム・キットウッド教授は言います（下記参照）。

そこで、その人の5つの要素を調べ、情報を集めます。すると、たとえば「食事をお膳にのせたまま机の上に置こうとしたら怒った」という理解できなかった行動も、「自宅では食事をお膳にのせていないから、食事であると

認知症のパーソン・センタード・モデル

認知症の人の行動や気分は、パーソン・センタード・モデルと呼ばれる5つの要素が複雑に関連し合って生じている。

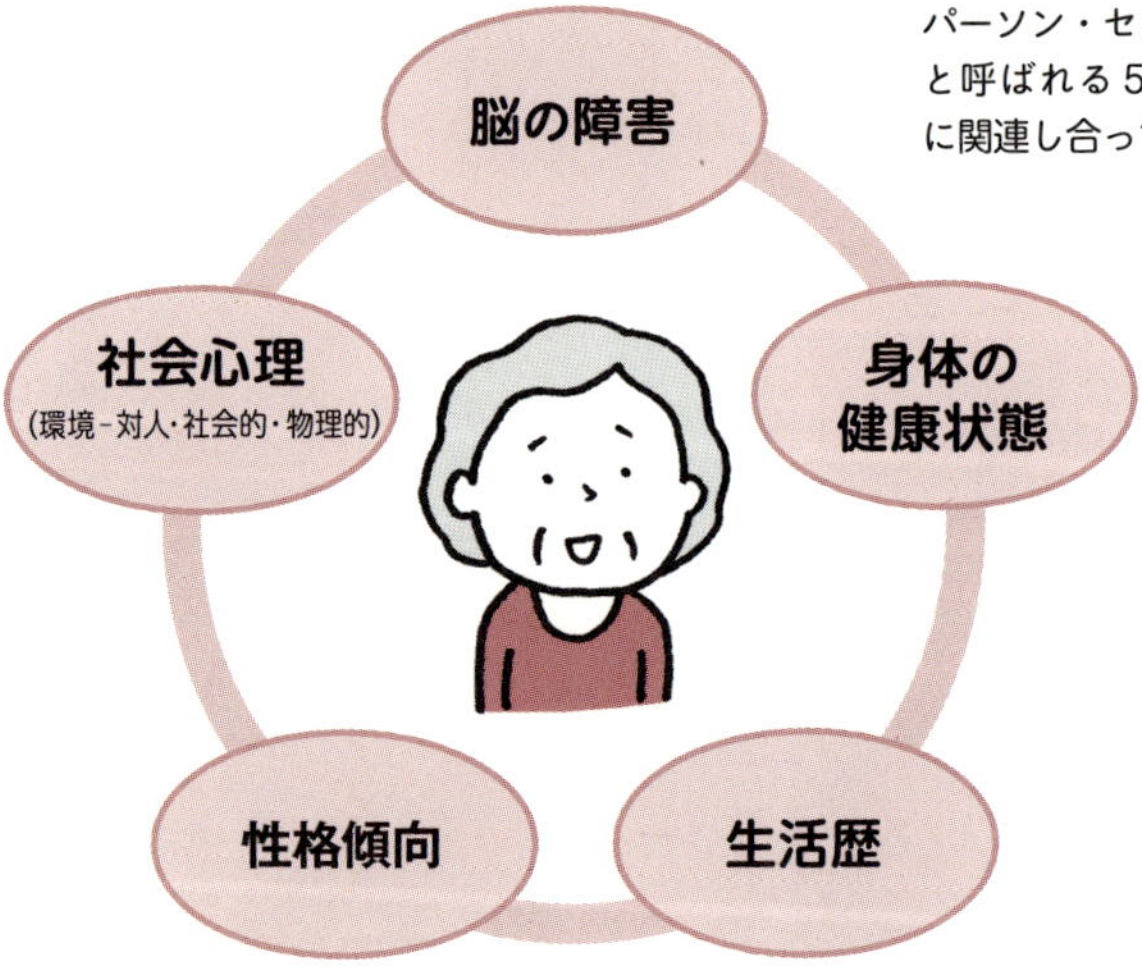

Comments By Professionals

- お手伝いをされるのが嫌だという方がいらして、その方とはできるだけお話をすることを心がけました。しばらくしてから「あなたならいい」「お手伝いして」と言われたときはうれしかったです。（佐藤裕輔）
- 朝が苦手でなかなか起きられない方には、急がせることはせず、2度目に声をかけたときに少しゆっくりと一緒にお話をするようにしています。徐々に目覚めてくるようで機嫌よく起きてくださいます。（青木）

認識できなかったのかもしれない」などと想像することができるようになります（P78〜83参照）。

最後に、「ニーズを見つける」こと（STEP3）。トム・キットウッド教授は、認知症の人たちには、愛のニーズを中心に5つの心理的ニーズが重なり合うように存在していると考えました（認知症とともに生きる人たちの心理的ニーズ／下のイラスト参照）。これらのニーズが満たされているとき、認知症の人はよい状態でいられます。その人にとって満たされないニーズは何なのか、その人の視点に立って考えてみましょう。そして、そのニーズを満たすケアをすることで、パーソン・センタード・モデル（5つの要素）に合うケアをしていくようにしましょう。

次のページから具体的に3ステップの方法を解説していきます。

認知症とともに生きる人たちの心理的ニーズ

この5つの心理的ニーズが満たされているとき、認知症の人はよい状態でいられます。

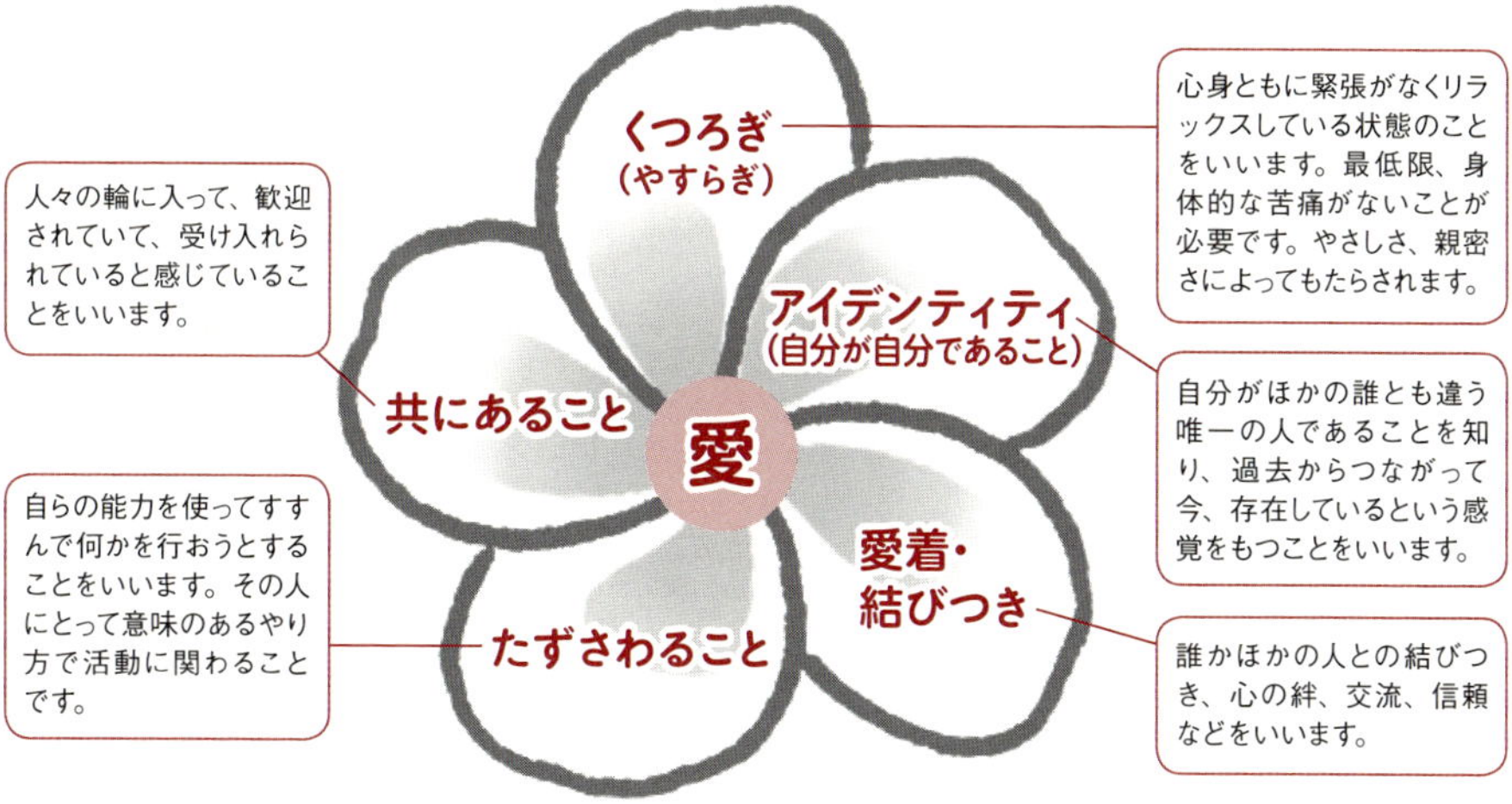
愛
くつろぎ（やすらぎ）
心身ともに緊張がなくリラックスしている状態のことをいいます。最低限、身体的な苦痛がないことが必要です。やさしさ、親密さによってもたらされます。
アイデンティティ（自分が自分であること）
自分がほかの誰とも違う唯一の人であることを知り、過去からつながって今、存在しているという感覚をもつことをいいます。
愛着・結びつき
誰かほかの人との結びつき、心の絆、交流、信頼などをいいます。
たずさわること
自らの能力を使ってすすんで何かを行おうとすることをいいます。その人にとって意味のあるやり方で活動に関わることです。
共にあること
人々の輪に入って、歓迎されていて、受け入れられていると感じていることをいいます。

COMMENTS BY PROFESSIONALS

●話しかけて、返事がすぐになかったとしても、何か語り出してくれるかもしれないので、できるだけ待ちます。がまんができず、自分のことを語り出したりすると、その人との会話の時間は「自分の時間」になってしまいます。その人の思いを聞く「その人の時間」になるように、声を待ちます。そして、話を聞いたら話題をそらさず、その話の範囲内で会話を続けていきます。（井川）

STEP1 思いを「聞く」

認知症の人の思いに向き合いましょう。障害があっても、その人の声に耳を傾け、話を聞きます。このとき、大切なのは「今の気持ちを聞かせください」という、態度で臨むことです。

よい聞き手になるための3つのポイント

気持ちに寄り添う

その人が感じていることを、自分も感じようと努めましょう。

たとえば、「お風呂に入りたくない」とその人が言ったとき、業務のことが気になっていると「入りたくないなんて、困った！」という自分の思いがまず出てきてしまいがちです。自分の思いではなく、まずはその人の思いが大切です。「ああ、入りたくないんだな」「お風呂に入るのが嫌なんだな」と、その人が発した言葉や態度を、自分の中で繰り返すことで、その人の思い（および、そのときにある不安、怒り、恐怖、悲しみなど）を共に感じるようにしましょう。

お風呂入りますよー
何するの！殺す気かっ！
↑小夜さんには聞こえていない
↓服を脱ぎましょ

嫌がっているのに、その気持ちを受け止めずにいると、その人は不安になります。

こんにちは佐藤です。小夜さん、今日、お風呂を沸かすので一緒に入りませんか？
もう怖いわ！嫌だっ！

目線を合わせて話を聞き、嫌だという気持ちを受け止めましょう。

COMMENTS BY PROFESSIONALS

● 認知症の人が話すことは私たちからすると不可解なことが多いのですが、その人からすれば事実です。「また言っているわ」「いつものことだ」という感情をもって聞くのではなく、無心で聞き、「その人が何を言いたいのか」、その人にとっての真実を聞きます。（野坂）

思いを受け入れる

その人が話していることを、そのまま受け取りましょう。

たとえば、その人が「あなたが財布を盗ったんでしょう」と事実とは異なることを言ったり、「そこに子どもがいる」とないものをあると言ったり、「仕事に行かないといけない」と過去に戻った世界のことを言ったりしても、それを否定することはせず、「そうなのですね」と言って、丸ごと受け止めましょう。

その人にはその人の世界があります。その中での思いを否定するのは、その人そのものを否定することになります。「お財布を盗ったと思われるのですね」「子どもがいるのですね」「仕事に行かないといけないのですね」と、その人の言葉を繰り返すことで、その思いを受け入れていることを伝えましょう。

「いい」「悪い」と評価しない

その人が話すことに対して、「それはいいことです」「それは悪いことです」と、まるで上から言うように評価するのはやめましょう。

たとえば、散歩の前に「トイレに行きたい」と言う人に対して「それはいいことですね」と言うと、まるで指導官から評価されたように聞こえます。その場合は、その人が自ら行くと言ったことに対して「トイレに行きたいのですね。では、一緒に行きましょう」と、思いを受け止め、それに応える言い方がよいでしょう。

また、夜中に「外に行きたい」と言う人に対して「それは悪いことです」と言うと、その人は寂しくなったり、怒りが出てきたりします。その場合は、「外に行きたいのですね」と思いを受け止め、「どうしてですか？」と思いを聞いてみましょう。

COMMENTS BY PROFESSIONALS

- 話を聞くときは、その人の姿勢や態度を見ながら今の気持ちを推し量ることも大切です。体がのけぞっていたり、握っている拳に力が入っていたりするのは、不快な気持ちの表れかもしれません。（井川）
- 「声をかけるタイミング」も大事にしています。その方が何か夢中でしているときは、声をかけることでその行動や行為を「止められた」と感じることもあります。たとえば、歩きまわっているときは、しばらく見守り、疲れてきたかなと思ったときなどに声をかけます。（松下）

STEP2
情報を「集める」

認知症の人の今の状態に影響をおよぼしている「脳の障害」「身体の健康状態」「生活歴」「性格傾向」「社会心理（環境ー対人・社会的・物理的）」の5つの項目の情報を集め、今の状態を把握しましょう。

1 脳の障害

病気によって生まれる、苦手なことを知る

認知症の原因となっている病気と、それにより起こる症状を知っておきましょう。障害により失われていく能力のサポートと、残された能力を維持するためにも大切なことです。

前頭側頭型認知症

よく見られる症状

- 脱抑制
- 常同行動（同じ行動を繰り返す）
- 被影響性の亢進（周囲の人の言葉や行動に影響されやすくなる）
- 注意、集中力低下
- 感情、情動の変化（感情の変化が乏しくなる）
- そのほか（言葉の障害、自発性の低下、食行動異常など）

COMMENTS BY PROFESSIONALS

- 声をかけられて、どうしてもすぐに対応ができない場合は「ちょっと待ってください」と言うのではなく、「今、この靴をすぐに届けなくてはいけないので、3分後に必ず戻ります。ごめんなさい」などと言います。（安田）
- 話を聞きながら肩や背中に触れるときと違い、お手伝いをするときに体に触れる必要がある場合は、必ずその理由を伝え、許可を得ます。たとえば髪をとかすときも、まずは鏡でご自身の髪を見てもらい、「髪をとかしてもいいですか？」と確認をし、許可を得ます。（國本）

アルツハイマー型認知症

よく見られる症状

- 記憶障害
- 見当識障害
- 実行機能障害
- 視空間認知障害
- そのほか（興味や関心が薄れてくるなど）

血管性認知症

よく見られる症状

（障害のある脳の部位によって症状が変わります）

認知機能障害に加えて、以下の特徴をもちます。

- 歩行障害
- 構音障害
- 嚥下《えんげ》障害
- うつ傾向
- 情動の制御力低下（涙もろくなったり、怒りっぽくなるなど）

レビー小体型認知症

よく見られる症状

- 繰り返し見られる幻視
- パーキンソン症状（パーキンソン病に見られる歩行障害や姿勢反射障害。筋肉がこわばって動きが鈍くなる、硬直する、手足が震えるなど）
- レム睡眠行動障害（レム睡眠時に体が動く。夢と同じ行動を起こすため、大声をあげたり、起き上がったりすることがある）
- 複雑性注意障害
- 自律神経障害（起立性低血圧、便秘、多汗、排泄の失敗など）

★レビー小体型認知症の原因となるレビー小体病とパーキンソン病は、ともにαシヌクレインという物質がたまる疾患です。αシヌクレインがたまる部位がおもに大脳皮質である場合はレビー小体病、脳幹である場合はパーキンソン病となります。

※障害については、1章も参照してください。

COMMENTS BY PROFESSIONALS

- 認知症の人が、繰り返し同じ話をするとき、「忘れてしまってまた同じことを言っている」という捉え方だけをしていてはいけないと思います。たとえば、昔、つらかった経験を繰り返して話すのは、その人に大きな影響を与えた経験だったからではないでしょうか。疎外された経験を語る人は、今でも疎外されることに対して敏感です。その人の過去を知ることでケアも変わってきます。（白川）

2 身体の健康状態

痛み、かゆみ
といった
不快感などを知る

心と体の健康状態を調べましょう。認知症の人は、体の痛みや不快感があっても、それをほかの人にうまく伝えることができにくい傾向にあります。心身の不調を確認することで、今のその人のつらさ、不快感を知ることができます。

ここでは、集めるべきおもな情報を記載しました。健康状態は日々変わるため、その人に変わったことがあったときは、まずは今の健康状態を確認すること（簡易な確認から医師による専門的な確認まで）が大事です。

毎日の確認

- 聞こえ方（聴力）、見え方（視力）
- 痛みはないか
- 不快や苦痛はないか
- 排泄に関して苦痛はないか（便秘など）
- 睡眠はよくとれているか
- 皮膚、生殖器に問題はないか
- 脱水、栄養失調、感染症はないか
- 心の問題、うつの傾向はないか

見落としがちな不調

- 視力に合ったメガネをかけているか
- 補聴器が快適に使われているか
- 耳垢が溜まっていないか
- 口内に問題はないか（口内炎、歯茎の痛み、カンジダ症など）
- 入れ歯が快適に使われているか
- 食べるときや飲むときにむせるなど苦痛が伴っていないか

Comments By Professionals

- 食事がなかなか進まない方には、メニューだけでなく、味も伝え、食べたい気分になるような声かけをするようにしています。（倉光）
- トイレにお誘いする際は 、大きな声で「トイレに行きましょう」と言葉をかけるのではなく 、羞恥心に配慮するために周囲の人には聞こえないように 、本人の耳もとで言葉がけを行います。（安田）

歩くことを妨げる苦痛

- 歩行障害やバランス機能障害はないか
- 歩くときや座るときに苦痛が伴っていないか
- 杖や車椅子を適切に使用しているか
- 車椅子に乗ることでの苦痛はないか

医師の診断結果

- 現在受けている治療
- 胃、腸、排泄系に問題はないか
- 循環器系、呼吸器系に問題はないか

薬の問題

- 5種類以上の薬の投与はないか（高齢者の場合、腎臓機能の低下による代謝・排泄の悪化により薬の効果が強く出たり、薬の相互作用により体に思わぬ副作用が起きてしまったりすることがある）
- 睡眠薬や向精神薬などによる副作用はないか（ふらついて転ぶ、日中必要以上にウトウトしている状態である傾眠傾向であるときは、薬の副作用による場合もある）

COMMENTS BY PROFESSIONALS

- レクリエーションをするときはご自身で選択できるよう、その内容を言葉と文字でご紹介します。今日はやりたくないというときは、一緒にいてしばらくお話するようにします。音やにおいがしてきて興味が湧いてきた様子が見られたら「一緒にやってみますか？」とまた誘います。（朝田）
- ケアをさせていただく皆さんは自分にとっては人生の先輩ですから、特別なことがない限りは、敬語を使ってお話をします。（入江）

3 生活歴

今までの習慣や過去の思いを知る

その人が今まで、どのような生活や経験をしてきたかを調べましょう。その人にとっての習慣や、うれしいこと、悲しいことなどは、今までの生活や経験に基づいています。これらを確認することで、今のその人にとって、うれしいことや悲しいことにつながる物やことを知ることができます。また、その人が輝いていたころの仕事や生活について知っていると、さらにケアを深めることができます。

- 家族構成（家族の人数、最近まで一緒に暮らしていた人たち）
- 元気にしていたころの職業
- 暮らしてきた地域とその特徴
- 好きなこと、得意なこと
- 嫌いなこと、苦手なこと
- 好きな物、嫌いな物
- 過去にうれしかった経験、誇りに思っている経験
- 過去につらい思いをした経験（これについては本人に直接質問するかどうかは慎重に検討しましょう）
- 宗教に関係する習慣や考え方

COMMENTS BY PROFESSIONALS

- 会話が成り立たない方と話をするときは、「話をしっかり聞いています」ということが伝わることを特に意識しています。目を見て大きくうなずいたり、気になる言葉を繰り返したりしています。（松本）
- 「〜ですよ」「〜しましょう」と断定的に言葉がけするのではなく、「○○ですか？」「○○しましょうか？」と自己選択、自己決定できる言葉がけをします。（安田）

4 性格傾向

その人が生まれつきもつ感情や意思などの傾向を知る

その人の性格の傾向について把握しましょう。たとえば、敬語ひとつとっても、上下関係を重んじる性格の人には正しい敬語を使い、上下関係がないほうが好ましいという性格の人には敬語は控えめにして親しみやすい言葉を使うほうが信頼関係を築くのに適しているでしょう。その人の不快さ、心地よさを考えるためにも性格を知ることは大切です。

- 社交的で人と話をするのを好むか、ひとりでいるのを好むか
- 出しゃばりか、引っ込み思案か
- 他人の世話になりたくないか、人に頼りたいか
- 気が短いか、気が長いか
- 気にしすぎる（神経質）か、気にしない（寛容）か
- 好奇心が強いか、慎重（保守的）か
- 思いやりがあるか、遠慮がないか
- 生真面目か、無頓着か

COMMENTS BY PROFESSIONALS

- 「治療のため」「よくなるため」と思い、がまんをしている患者さんが多くいます。治療やケアが患者さんを置き去りにしたものにしない、その人を尊重したケアをするために、患者さんに説明をし、どうしたいのか聞くことが大事だと思っています。たとえば、歩行の許可が出ていない状態でも「自分でトイレに行きたい」という方の声はスタッフと医師で共有し、希望に応えられる方法や時期を見つけ、その人に伝えるようにしています。（鈴木智子）

5 社会心理（環境）

その人を取り巻く社会や自然、家庭などの外的なことを知る

その人の、おもに人間関係や物理的環境がどのようになっているのか調べましょう。

たとえば、まわりの人から自分のことを能力のないもの、何もわからないものと思われ、子どものように扱われたり、無視されたり、うそをつかれたりしたら、人は悲しくなったり、怒ったり、混乱したりして、自分が何者かわからなくなっていってしまうでしょう。不当な扱いに対して怒りや悲しみの態度で訴えることもあるでしょう。このような扱いが続けば、生きることをあきらめて閉じこもってしまうこともあります。それだけに、人間関係がその人に与える影響はとても大きいと言えます。

まわりの人が自分のことを認め、愛情をもって接してくれる環境であれば、人は安心して自分を肯定し、自信をもって生活していくことができます。今、その人を取り巻く人たちとの人間関係がどのようになっているのか、詳しく調べましょう。

介護士に「だまされた」と思い、怒っているのでしょう。

眠れないことを否定せず、一緒に過ごしてくれる介護士は、その人を落ち着かせてくれるでしょう。

COMMENTS BY PROFESSIONALS

● 痰を取るためのカテーテルを使う前は、誰もが少し怖いと感じると思います。そこで、これからすることを説明したあと、のど（唾液腺）のマッサージを行います。患者さんと触れ合うことで、安心感と信頼感を高め、吸引前の唾液の分泌の促進にもつながります。終わったあとは、つらいことをがんばった患者さんをねぎらい、「ありがとうございます」と感謝の気持ちを伝えます。（鈴木智子）

また、暑さ・寒さ、におい、音など環境から受けるダメージは、想像以上に認知症の人にストレスを与えることがあり、不安や苦痛の原因になることがあります。今、その人がいる環境の物理的な原因で不快になっていることがないかを調べましょう。ケアをする側が早めに気づいて対処していくことが大切です。

その人にとってうるさいと思う音があります。そのことを理解することも大事です。

- 直接ケアをしている人との関係（家族、看護師、介護士など）
- 今いる場所で一緒にいる人との関係（家族、看護師、介護士、理学療法士、作業療法士、医師、掃除や食事の担当者、ほかの高齢者など）
- 一緒に生活している人、または今いる場所に来る前に一緒に生活していた人との関係
- 家族や親戚との関係
- 生活している場所の環境で不快な部分はないか（温度、湿度、面積、建材、においなどその人にとって不快であると感じることはないか）

COMMENTS BY PROFESSIONALS

- 日中の入浴を嫌がる方に、「なぜですか？」とお聞きしたら、「いつもお風呂は夜、入るから」と理由を教えてくれました。そこで、夜の入浴ができるか検討し、可能な限り対応していたところ、「お昼も入ってみる」と言ってくれるようになりました。「(自分の) 言ったことをしてくれたのがうれしかった」とお聞きし、信頼関係が生まれたことで、こちらの要望を受け入れてくれたのかな、と思いました。(小谷)

STEP3 ニーズを「見つける」

STEP1と2で集めた情報をもとに、想像力をフルに働かせて、その人の満たされないニーズを見つけ、ケアを考え、実行しましょう。

ニーズを満たすケア案を考える

情報が集まったら、その人にとって「満たされていない心理的ニーズ」は何なのか、その人の視点に立って考えてみます。

たとえば、お風呂に入りたくないというP6～7のマンガに登場する小夜さんの場合、集めたおもな情報は左です。

アルツハイマー型認知症。車椅子使用。介助にて立位可能。肩関節の拘縮あり着脱は介助が必要。農家の嫁となり朝から晩まで働いた。農作物の育て方をよく教えてくれる。グループホームに入居して1ヶ月。まわりの人と話すときに緊張が見られる。人の役に立たない、迷惑ばかりかける、と否定的な言動がある。

グループホームに入居してまだ1ヶ月の小夜さん。緊張感が見られることからも「くつろぎ」、「愛着・結びつき」、「共にあること」のニーズが満たされていません。人の役に立たない、迷惑ばかりかけると言っていることから「自分が自分であること」「たずさわること」のニーズも満たされていない状態です。

まずは、この5つのニーズを満たすように努めなければ、安心してお風呂に入ることもできないのではないでしょうか。満たすべき心理的ニーズをパーソン・センタード・モデルに照らし合わせて、ケアを考えていきます。

小夜さんの場合は、話をよく聞いて寄り添い、絆を深めていくことと、車椅子の使用や衣服の着脱についてサポートすることが最低限ケアとして考えなくてはいけないことです。

COMMENTS BY PROFESSIONALS

● その人が若かったときのことやご家族のことなどをお聞きしていると、その人の中に根付いているものや大事にしていることがわかってきます。興味をもって聞き、思いをくみ取ることで信頼関係が築きやすくなる気がします。(白川)

3章

毎日のケアに役立つ

シーン別聞き方・話し方

日々の生活の中での会話が快適であれば、
認知症の人も健やかに過ごすことができます。
心が折れたり、傷ついたりしやすいのが認知症の人たちです。
認知症の人の気持ちが前向きで明るいものになるように
聞き方・話し方を工夫しましょう。
シーン別に具体例を使って、
そのポイントを見つけていきます。

起床

いつもの時間に起きてこない

体調確認後、無理に起こさず、このあとどうするか聞いてみる

今日はゆっくりされますか？

野呂進二さん（72歳）　血管性認知症とアルツハイマー型認知症。元医師。便秘が悩みで、つらいときは機嫌が悪い。気が短い性格と家族は言う。小規模多機能型居宅介護を利用。

カーテンを開けてもいいですか？
まだゆっくりされますか？
またうかがいます
10分後
進二さん、木村です。おはようございます。そろそろ起きられますか？
体調はいかがですか？
う～ん眠いな…
昨夜は夜中に3回、トイレに起きましたから、寝不足かもしれないですね。
今日はゆっくりされますか？
うん
わかりました。起きられてからお食事を用意しますね
また、うかがいます

どんな目覚め方が理想か？

たとえば、やわらかい太陽の光や風、コーヒーの香り、好きな音楽などを感じて自然に目覚めた日は、気分がとてもよくて体の中から元気が出てきたという経験はありませんか。反対に、目覚まし時計のうるさい音や「起きてください」という大きな声、驚いてしまうような振動で目覚めた日は、気分が滅入ってしまい、体も心も重くなってしまうのではないでしょうか。

このような「気分が滅入る目覚め方」を、ケアをする人によって認知症の人がされている例が残念ながらあります。「起こす」という業務を優先しなくてはいけないという思いが先に立ち、このような強制的な起こし方をすると、認知症の人は不快や不安になり、BPSD（認知症の行動と心理症状／P19参照）といわれるような行動を引き起こすきっかけになることがあります。

「もしも自分がこんな起こされ方をしたらどう思うかな」と想像力を働かせて、認知症の人が気持ちよく起きることができる話し方をしてみましょう。

介護士の佐藤さんが、進二さんの部屋のドアをノックせずに開け、大きな声で「おはようございます !!」と話しかけたら、「お前は誰だっ!!」「出て行け」と言われました。介護士の先輩である木村さんに相談したところ「進二さんは、知らない人が突然部屋に入ってきたと思い、驚いてしまったのかもしれません。突然ドアが開いて、大きな声であいさつをされれば、誰でも驚いてしまうでしょう。特に認知症の人は、いつも不安を抱えているため、大きな声はより不安をかき立て、混乱を起こさせます。明日は僕が進二さんのところに行きますね」と言われました。

先輩介護士の木村さんは、まず、部屋に入るときノックをします。この音で、進二さんの意識が扉に向きます。

必ず、名前を呼ぶ

まだ眠りの中にいるときでも、自分の名前を呼ばれると、ふと意識がそちらに向くということはありませんか。朝、話しかけるときは、まずはその人の名前を呼ぶようにしましょう。**「○○さん、おはようございます」**と話しかけます。驚かしてはいけないので、まずは、部屋の入り口や、その人の足もとなど、大きな声を出さなくても聞こえるくらいの少し離れた位置から話しかけます。次に、手が触れるくらいの距離まで近づき、目を見て、その人の名前を呼び、**「△△です」**と自分の名前を告げてから、あいさつをします。

時間を伝える

見当識障害などがあると、「朝ですよ」と言われても「朝」ということの意味がわからず、「起きてください」と言われても「起きる」ということが理解できないことがあります。そこで、**「朝の7時です」**と時間を伝えましょう。時間を伝えることで、長年の体験から起きる時間であることが理解できる人が多いようです。

扉を開けて、すぐにあいさつをします。あいさつをするときは、最初にその人の名前を呼びます。

それから、手が触れるくらいの距離まで近づき、名前を呼び、自己紹介をしてから、あいさつをします。そして、今の時間を伝えます。

カーテンを開けて、太陽の光を部屋に入れる

太陽の光を感じると、メラトニンという物質の影響により目が覚めるようになるといわれています。そこで、窓がある部屋の場合は、カーテンを少し開けて太陽の光を取り入れましょう。自然な目覚めを促すことができるでしょう。ただし、必ず事前に**「カーテンを開けてもいいですか」**と確認をします。その人が「嫌だ」と言うときは避けます。

STEP 起床の時のケアに役立つ3ステップ

声をかけても、まだ眠たそうにしているときは、**「まだゆっくりされますか？　またうかがいます」**と言って、一度退室しましょう。再度、訪ねてみても、いつもと様子が違って起きることができないときは、3ステップを使ってケアを考えましょう。

STEP1 思いを「聞く」

今日はどうして起きることができないのか、聞いてみましょう。まずは、**「体調はいかがですか？」**と確認をします。そのあと、少し具体的

再び、進二さんの部屋を訪ねます。最初に訪ねたときと同じように、ドアをノックし、名前を呼び、自己紹介をしてから、あいさつをします。

進二さんの様子を見るとまだ眠そうです。大きな体調の変化は見られないため、もう少し時間をおいてからまた訪ねることを伝えます。

カーテンを開けてもいいか、と確認をします。日が顔に当たらないように気をつけながら、カーテンを少し開けます。

に**「痛いところがありますか?」「息が苦しいですか?」**などと質問をするのもいいでしょう。ただし、矢継ぎ早に質問するのではなく、必要なことをひとつひとつ、その人からの答えを待ちながら、聞いてみます。必要に応じて体温や血圧も測りましょう。

STEP2 情報を「集める」

5つの要素から、以下のような「起きられない理由」を想像することができます。

障害 「起きる」ということが理解できない（失認）

健康 頻尿で夜中に起きてしまい、寝不足である

生活 朝寝坊である

性格 人に起こされないと起きない
失禁をしているのを気づかれたくない

環境 いつも起きるときに使っているベッドの持ち手（柵）が外れている

STEP3 ニーズを「見つける」

起きない理由が想像できたら、それに合うケアの方法を考え、話しかけましょう。なんとなくゆっくり寝ていたい日は誰にでもあることも忘れないようにしましょう。

まだ眠そうなので、体調を確認します。

昨夜、夜中に3回起きてしまった進二さん。そのことを忘れてしまっている場合もあるため、まずは昨夜のことを伝えます。今、なぜ進二さんが眠たいのか、自分で理解することができれば不安もなくなります。そして、今、もう少し眠ることが自分にとってよいことだと思ってくれるでしょう。

「起きられてからお食事を用意しますね」と伝えることで、進二さんは食事の心配をせずにゆっくりと眠ることができるでしょう。

朝、いつもなかなか起きられない

起きてからの楽しみを伝える

朝ご飯のしたくができました

S
●ドアをノックする
武井さん、おはようございます。朝の7時です。そろそろ、起きませんか？

武井さん
■無言

S
武井さん、朝ご飯のしたくができました。カーテンを開けてもいいですか？

武井さん
■目と目が合い、コクリと頭を下げる

S
●カーテンをゆっくりと開ける
武井さん、朝ご飯のしたくができました。今日のお味噌汁は、なすですよ。

武井さん
なす……。

FROM STAFF

武井さんは、朝、ゆっくりと目覚める毎日。血圧が低いためではないかと思われます。最初のころは「おはようございます。7時です。起きませんか？」と声をかけてから様子をうかがっていましたが、起きるのがつらそうだったので、少ししてからもう一度声をかける、ということを繰り返していました。そのうち、武井さんが食べることが好きだということがわかったので、朝ご飯が用意してあることをお伝えしたところ、次に部屋へ行ったときにはご自身で起きて、食事に行く準備を始めている姿が見られるようになりました。

武井一夫さん（72歳）　アルツハイマー型認知症。変形性膝関節症により、歩くとき、膝に痛みを感じることがある。妻とふたり暮らし。趣味は野球観戦。穏やかな性格。6ヶ月前から特別養護老人ホームに入居。

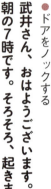

S

なすは好きですか？

武井さん

うーん。

S

お腹すきましたか？
そろそろ、食堂に行きましょう。
もう少ししたら、また、うかがいますね。

武井さん

■ゆっくりと体を起こして、メガネをかけ、ベッドからゆっくり降りる

POINT

「朝ご飯のしたくができました」という声かけがあると、「朝ご飯を食べる」というベッドから起き上がる目的がその人の中で生まれるため、自然に目が覚めて、したくもスムーズに行うことができるのでしょう。武井さんの好みがわかっているからこそできる、心を動かす声かけです。
「朝、自分で起きて、次の行動に移せる」というのはひとつの能力です。この能力をその人がもっているにもかかわらず、ケアをする側が強い言葉や動きにより無理やり起こすというのは、その人の能力を奪う行為であるといえます。
そこで、その人が「起きたくなる声かけ」というのを工夫してみましょう。
たとえば、お洗濯好きな人なら「天気がいいですよ。今日は一緒にお洗濯しませんか？」、カラオケ好きな人なら「今日は〇〇さんが好きなカラオケの日ですね」など。ただし、その日のその人の様子次第で声かけを減らすなど臨機応変な対応は忘れないようにしましょう。

何日も着替えない

「お気に入りの洋服だから着替えたくない」というときは洗濯を提案

今、洗濯をしてきれいにしませんか？

森川悦子さん（78歳）アルツハイマー型認知症。穏やかな性格。夫を亡くしてひとり暮らしだったが、2ヶ月前にグループホームに入居。

今日は孫が来るから
これを着ていると喜ぶんだよ
でも少し汚れていますから
一度、洗濯をしませんか？
えっ
ムッ
今日はお天気がいいので
お昼過ぎには乾きますよ。
洗い立てのきれいな洋服
になったら…
お孫さんも
きっと喜びますよ
…。
今日はお孫さんが
いらっしゃるんですね！
それなら今、
洗濯をして
きれいにしませんか
悦子さん、そうしたらお部屋に
戻って着替えましょうか
そう
しようかね
そうかい。孫も喜ぶか…。
洗ってもらおうかね

着替えや整容は「難しいこと」と知る

健常者にとっては、服を着替えたり、歯を磨いたり、髪を整えたりすることは、自然に手や体が動いて簡単にできること、と思うでしょう。しかし、その動作をするためには、

- 朝であることがわかること
- 歯を磨く、髪をとかす必要性を判断できること
- 更衣や整容の動作ができること

といったことが必要になります。

認知症の人は、見当識障害などのために、着替えや身だしなみを整える必要性を感じていないかもしれません。また、実行機能障害がある場合は、着ているつもりが上手に着られていない、といったことが起こります。そして、できないから「イライラする」「あきらめる」ということも心の中では起こってきます。

多くの認知症の人にとっては、着替えや身だしなみを整えることは難しいことなのです。そして、難しいからとあきらめてしまっては、より機能が衰えるということも忘れずに、苦手な部分をサポートするケアの

同じ洋服を１週間着ている悦子さん。同じ服を何日も着ていることを悪いことと捉えてはいけません。なぜなら、そこには理由があるからです。まずは、その理由を聞いてみます。そして、服が汚れていることで肌への影響などがある場合は、着替えることをおすすめしてみましょう。

同じ服を何日も着ている理由を聞きます。このとき、最初から「どうして同じ洋服をずっと着ているのですか？」と聞いても、なかなかうまく答えられないものです。そこで、まずは、着ている服を話題にお話をしてみます。

ための、聞き方・話し方をしていきましょう。

話を聞き、観察をして、「苦手な部分」を知る

着替えや身だしなみを整えるときに、どんなことが苦手なのかは、その人によって違ってきます。ケアをする前に、その人に話を聞き、観察をして、どのようなことが苦手なのか確認することが大切です。

たとえば、以下のような苦手が考えられます。

- 季節や時間などに合わせて適切な服を選ぶのが苦手
- 下着から順番に服を着るのが苦手
- スボンを上着と間違えるなど見たものが何なのかを把握するのが苦手
- 関節が硬くなっているなど身体の調子により、服の着る・脱ぐ、髪をとかすといった動作が苦手
- 面倒だという気持ちがあるため、すすんで着替えたり髪をとかしたりするのが苦手

ほかにも、人により、いろいろな苦手があります。

その人の苦手を知ることと同時に、その人ができることにも注目することが大事です。できることはし続

孫からもらった服を大切にしている悦子さんの気持ちをしっかりと受け止めます。「お孫さんからもらった服なんですね」と悦子さんの言葉を繰り返します。そして、「それはとても大切なものですね」と悦子さんの思いを言葉にします。

けるが、能力の維持につながります。できることを取り上げてしまうようなケアにならないように気をつけましょう。

STEP 更衣の時のケアに役立つ3ステップ

認知症の人が着替えない、髪を整えない、歯を磨かない、というときは、「しない」のではなく「できない」または、「したくない」のかもしれません。その理由を探りたいときは3ステップを使いましょう。

STEP1 思いを「聞く」

着替えなかったり、身だしなみを整えなかったりする理由を聞いてみましょう。答えられない人もいるでしょう。また、理由によっては話したくない、ということもあります。その場合は、その人の様子をよく観察しましょう。

STEP2 情報を「集める」

5つの要素から、以下のような「着替えない、身だしなみを整えない理由」を想像することができます。

障害

着替えがしづらくなる（実行機能障害）

身だしなみの必要性を判断できない

お孫さんからもらった大切な服だから、いつも着ていたいという、悦子さんの思いがわかりました。その気持ちを受け止めたうえで、洗濯をすすめます。何の関わりもない知らない人から（認知症の人はさっきまで話していた人であっても忘れてしまうことがあります）突然「洗濯しましょう」と言われるよりも、今、話をして自分の思いを受け止めていると感じてくれている相手から、話の流れの中で洗濯を提案されるほうが、受け入れやすいでしょう。

健康 体調が悪いので、動きたくない

生活 今は着替えや身だしなみが習慣になっていない
汚したのを他人に知られたくない

性格 人前で服を着替えるのに抵抗がある
着替えをするのが面倒
着たい洋服がない

環境 誰かに「似合わない」と言われた
お気に入りの洋服がある

STEP3 ニーズを「見つける」

理由が想像できたら、それに合うケアの方法を考え、話しかけましょう。このときに、忘れてはいけないのが、「今、すぐに着替える、身だしなみを整える必要があるのか」ということを、改めて考えることです。たとえば、一日着替えなくても、皮膚の状態など健康状態が悪くなければ、「着替えたくない」というその人の気持ちを優先させてもいいかと思います。それを、無理やり着替えさせたくて、うそをついたり「みっともないですよ」といった言葉をかけたりすれば、その人は受け入れてもらえない、非難されたと感じてストレスを受け、大声を出すといったBPSD（P19参照）のような行動で表現する可能性が出てきます。その人の思いを大切にすること忘れずに、話しかけてみましょう。

今日、お孫さんが来るという予定は実際にはありませんが、悦子さんの心の中の世界では「今日は孫が来る」のですから、ここでは否定してはいけません。「今日はお孫さんがいらっしゃるんですね」と悦子さんの言葉を繰り返します。そして、悦子さんの心の中の世界に自分も入り、「お孫さんが喜ぶから洗濯をして着替えをしましょう」と伝えます。

悦子さんが納得をして、こちらの話を受け止めてくれました。このあとは、約束通り、洗濯をして干して、お昼過ぎまでに乾くように努めます。

着替えがうまくできない

様子をよく確認し、困っているときにタイミングよく声かけをする

お手伝いしましょうか？

S　**秀子さん、おはようございます！朝ですね。そろそろ寝間着からお洋服に着替えませんか？**

秀子さん　■カーディガンを持ってはいるけれど、いじっているだけで、着る様子が見えない

S　**秀子さん、お手伝いしましょうか？**

秀子さん　■目が合い、うなずく

S　**このカーディガンの下に何を着ましょうか。**
●2枚ブラウスを出して
どちらにしますか？

秀子さん　**今日はこれでも寒くないかしら。**
■1枚のブラウスを手に取る

FROM STAFF

秀子さんの場合、実行機能障害と抑うつ状態があるためか、着替えや入浴などを自分からすすんで行うことがありません。しかし、人の世話になることが好きでないため、お手伝いされるのを嫌がる傾向があります。そこで、最初から「お手伝いします」と話しかけるのではなく、まずは秀子さんの様子を見て、了解を得ながら、必要に応じてお手伝いをしています。また、洋服は自分で選んでもらうなど、能力を保持することを大切にしています。

松宮秀子さん（89歳）　レビー小体型認知症。介護付きの老人ホームに入居して1年。町工場の社長夫人。筋肉の硬直はほとんどないが、最近では抑うつ状態が見られることが多くなった。

S 今日も昨日と同じくらいの気温になるようです。こちらでも寒くないと思いますよ。

秀子さん じゃあ、これにするわ。

S わかりました。では、寝間着を脱ぎましょう。そして、このブラウスを着ましょう。

秀子さん ■寝間着を触っていて、脱ぐ様子が見られない

S 秀子さん、お手伝いしましょうか？

秀子さん ええ。

S ここに手を通して、頭を通して、はい脱ぎましょう。
●その後、お手伝いをし、すべて、着替えが終わったら…
着替えが終わりましたね。そのブラウス、ピンクでよくお似合いですよ。素敵ですね。

秀子さん ■うなずく（笑顔）

POINT

秀子さんが着替えないでいるのは、着替えたくないのではなく、着替えることがうまくできないためです。「カーディガンを持ってはいるけれど、いじっているだけで着る様子がない」「寝間着を触っていて、脱ぐ様子が見られない」のは、着方や脱ぎ方がわからないからです。実行機能障害がある人はこのような行動をとることがあります。そして、そのような様子を見たときは、「お手伝いしましょうか？」と話しかけましょう。
着るものについては、可能であれば自分で選んでもらいます。数が多い中から選ぶのが難しい場合は、2点用意して「どちらにしますか？」と聞き、選んでもらいます。そして、「寝間着を脱ぎましょう。そして、このブラウスを着ましょう」などと、更衣の順番をまずは伝えます。脱いだり着たりの動作ができにくい場合は、「ここに手を通して」などとひとつひとつ動作を伝えます。このとき、ブラウスは腕が通しやすいように少し折っておくといった工夫も取り入れましょう。

暑い日でも厚着をする

厚着の理由を確認し、枚数を減らすメリットを伝える

少し減らしますか？そのほうがスマートに見えますよ

●デイサービスにて
千代さんがズボンを7～8枚はいているのに気づく

S 千代さん、おトイレですか？お手伝いしてもいいですか？

千代さん あら、あんただったらいいわよ。

●トイレで

S 千代さん、たくさん着ていますね。

千代さん 私、すぐに膀胱炎になるから冷えないようにね。

S 寒いからたくさんはいているのですね。今日は少し暖かくなるみたいなので少し減らしませんか？そのほうがスマートでスタイルよく見えますよ。

FROM STAFF

千代さんは夏の間はほぼ毎回、ズボンとズボン下を重ね着しています。ご家族から痩せていることが自慢だと聞いていたので、「ズボンの枚数を減らすとスマートに見えますよ」と言うと「そのほうがいい」と思ってもらえるのではないかと考えて、話しかけています。枚数を減らしたあとは「寒くなったら言ってくださいね。ズボンをお預かりしておきますので」と伝えます。膀胱炎になったことはありません。リハビリパンツの交換が自分ではできず、パッドの代わりにたくさんトイレットペーパーを入れてしまうことが多いので、もしかしたら汚れを隠そうとする気持ちもあってのことかもしれません。

関口千代さん（89歳）アルツハイマー型認知症。排泄と入浴のみお手伝いが必要。夫と息子を亡くし、嫁・孫と同居。礼儀正しく、人への気遣いがある人。デイサービスを利用して6年目。

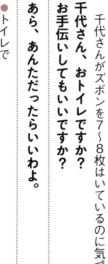

千代さん **そやな。**

■ズボンと下着を脱ぎ、リハビリパンツを交換する

S **何枚くらいにしましょうか？**

千代さん **そやな……。**

S **下着は1枚、ズボンは1枚くらいにしましょうか？**

■うなずく

千代さん **私、あんたのことが一番好き。汚いのにしてくれてありがとう。**

■下着1枚とズボン1枚をはく

POINT

高齢になると体温調整が難しくなってきます。さらに、認知症による見当識障害があると、季節がわからなくなるため、寒い日でも薄着をしたり、暑い日でも厚着をしたり、気温や季節に合わない服装を選んで着ることがあります。
気になるときは、まずは「1枚しか着ていませんね」「暖かそうなセーターを着ていますね」と、今、その人がどんな服装をしているのか伝えましょう。そして「寒くないですか？」「暑いですか？」「汗をかいていますね」などと話しかけて、今の服装でいてつらくないのか、またその服装でいる理由を聞いてみます。衣類の調整を提案したいときは、「今日は雪が降って寒くなるようですよ」「暖房が効いていて、部屋は暑いですね」などと、天候や温度のことを伝えてみるのも一案です。
なかには、「仕事をしているときに着ていたスーツを着ていたい」「大切なベストだから着ていたい」といったこだわりをもった人もいます。そうしたときは、その人の思いを大切にし、無理強いをせず、話し合いながら体調管理をしましょう。

自分から髪を整える様子が見えない

髪を整えるお手伝いをしたあと、同じことをしないかと声かけをする

自分でもできそうですか？

S　ミドリさん、髪の毛をとかしませんか？先に僕がちょっととかしてもいいですか？

ミドリさん　ええ、お願いします。

● 鏡の前に移動する
ブラシを持って、髪をゆっくりとかす

S　ミドリさん、昔はどんな髪型でしたか？

ミドリさん　もっと髪があったのにこんなになっちゃって……。

S　とかすと、きれいになりますよ。前髪はアップにしますか？

ミドリさん　うん。

FROM STAFF

ミドリさんは、髪を整えることについては、自分からすることはないので、スタッフが声をかけ、整えるのをお手伝いしています。このとき、手の機能が低下しないように、できるだけ自分で整えてもらうことを大切にしています。鏡の前でまずはスタッフが髪をとかし、それを見ていただき、そのあとミドリさんに「自分でもできそうですか？」「自分でとかしてみませんか？」と聞きます。やってみるという返事がもらえたら、「はい、ブラシです」と言葉を添えながらブラシを手渡します。ミドリさんがブラシを受け取ってから、持ち替える必要がないように、手渡すときはブラシの向きに気をつけています。

森ミドリさん（89歳）アルツハイマー型認知症。手指の変形があり、手をうまく動かすことができない。そのためか、不安感が強い。

S
このほうが、ボリュームが出ていいですね。
ミドリさん、自分でもできそうですか？
ブラシがここにあるので
自分でとかしてみませんか？

ミドリさん
ああ、どれだね。

S
はい、ブラシです。
● ブラシを手渡す

ミドリさん
■ ゆっくりととき始める

S
もっときれいになってきましたよ。いいですね。

ミドリさん
■ 腕が止まる

S
仕上がりましたか？ きれいになりましたね。

POINT

ブラシやクシで髪をとかすことは、実行機能障害や道具などの使用に障害がある場合、大変難しいことになります。しかし、とかす動作ができるのであれば、その能力や筋力を維持するため、自分で髪をとかす機会を増やしましょう。
認知症の人は、髪をとかすということや、その手順がわからないことがあります。そこで、まずは「髪をとかしてもいいですか？」とお願いをして許可をもらい、鏡の前でとかします。髪をとかす方法やその気持ちよさを思い出してもらうためです。「とかすときれいになりますよ」と、髪をとかしたくなるような声のかけ方も工夫しましょう。次に、「自分でもできそうですか？」「自分でとかしてみませんか？」と自分でとかすことを促します。「できない」「したくない」と言うときは、無理強いはせず、「では今日は私が仕上げさせてもらいます」と伝えます。
ブラシを手渡すときは、すぐに使えるような向きで渡します。持ち方を修正するときは一度手渡してもらいますが、無理に取り上げると混乱するので注意します。

「こんなもん食べられるか」と怒る

一品ずつ、食事の説明をしながらテーブルに置く

ご飯とお味噌汁をここに置きますね

若林健一さん（92歳）　アルツハイマー型認知症と血管性認知症。左片麻痺の症状がある。会社役員をしていた。妻とふたり暮らし。昔から自分の行動や考え方に自信をもっていると家族は言う。デイサービスを利用し始めたばかり。

一品ずつ説明する
健一さん、お茶ですよ。熱いので ゆっくり飲んでくださいね
わかっとる
健一さん、ご飯と お味噌汁を ここに置きますね
はいはい
健一さん、今日のおかずは お肉です。お好きですか?
魚より肉だな…
ゆっくり食べてくださいね
あっ
これは米かい?
そうです。白くて見えにくいですか?
いや
白いお茶碗に白いご飯だからかな
その後健一さんは完食しました

「食べる力」を維持するケアを

認知症になると、「摂食困難」（P81参照）が現れてきます。それは、認知症の人がもつ症状によるものですが、その人に合わせたケアの工夫次第では、食べる力を維持することができます。それにもかかわらず、何のケアもしなかったり、単に業務として完食してもらわなければならないという一方的な思いで「食べてくださいね」「これもダメですか」「困ります」などと強制したり非難する言葉を使ったりはしていませんか。

このような「食べてもらわなければならない」という一方的な話し方やケアをしていると、認知症の人にはストレスが溜まり、大きな声を出したり、食器を落としたり、立ち上がったりすることで、自分の気持ちを訴える行動（いわゆるBPSD／P19参照）が起こってくることがあります。

食べることは本来楽しいこと、うれしいことです。そのことを忘れずに、まずは、その人がもつ摂食困難を理解し、苦手なことをフォローするようなケア、聞き方・話し方をしていくことが大事です。

食事をお膳にのせたまま、机の上に置こうとしたところ、健一さんは怒ってしまいました。お腹が空いていなかったのかと思い、質問をしたところ、お腹は空いていると言います。「お膳にのせた食事」というのが、自宅で食べている食事とは見た目が違うため、健一さんは食事であると認識できなかったのかもしれません（この場合は、摂食開始困難に当たります）。また、急に食事の時間となってしまったため、まだこの場所に慣れていない健一さんは、戸惑い、混乱してしまったのかもしれません。

最初からやり直しです。まずは、健一さんが食べる準備ができているか確認をするため、「お食事を持ってきてもいいですか？」と聞きます。

その人がもつ「摂食困難」を理解する

摂食困難には大きく分けて3種類あります。

摂食開始困難…食べ物だということが認識できない（失認）、どれを食べていいのかわからない、口の中に痛みがある、ふりかけを虫と誤認する、食器の模様をこすり落とそうとするなどにより、食べ始めることができない。

食べ方の困難…ひと口の量をすくうことができない、食べるペースが早くて喉に詰まってしまいそうになる、ひとつの食器からしか食べない、食べたり食べなかったりするなど、食べているときに困難が伴う。

摂食の中断…食事中に立ち上がる、ほかに注意が向いてしまう、眠ってしまう、食べるのに時間がかかり疲れてしまう（嚥下《えんげ》障害など）、むせてしまうなどにより、食事が途中で止まってしまう。

これらの摂食困難のうち何をもっているのか、その人の話を聞き、観察することで理解しましょう。

お膳にのっている食事を食事として認識できないのであれば、お膳から一品ずつ、健一さんの目の前に置いていきます。そのとき、「お茶ですよ」などと、何を置いたのかを説明します。そして、それが熱い場合は熱いことを、冷たい場合は冷たいことを伝えることで、口に入れる前の心の準備が整います。また、料理の説明をしながら「お好きですか？」「お肉はいつもよく食べますか？」などと、料理についての話をしてみましょう。楽しく、興味をもって食事をしてもらえるきっかけになります。

STEP 食事の時のケアに役立つ3ステップ

その人がもつ摂食困難のケアをしていても、その人が食べないときや食べ方が気になるときは、３ステップを使って、その理由を探りましょう。

STEP1 思いを「聞く」

食べないとき、食べ方が気になるときは、その人の思いを聞いてみましょう。このとき、「どうしましたか？」と聞いても、答えにくいかもしれません。そこで、まずは口の中の状態を確かめる質問をしてみましょう。**「お口の中、痛いですか？」「入れ歯は最近どうですか？」「おいしいですか？」**などと聞いてみます。高齢者には、入れ歯が合わないことや、口内炎ができていることなどがよくあり、それにより食事に苦痛が伴うことがあります。また、**「うるさいですか？」**と環境のことを聞くことも大切です。

同時に、食べているときの様子を観察しましょう。箸などを上手に使えているのか、口に入れてから口を閉じることができるのか、よく噛むことができているか、痛みを感じたりつらそうな様子はないか、食べ物をもてあそんだりしていないか（食べ物という認識がないか）、自分の食

失認や白内障があると、白い器に入っている白い食べ物（ご飯など）を、食べ物と認識できないことがあります。そのため、健一さんは「これは米かい？」と聞いたのでしょう。この場合は、濃い色の器にご飯をよそいましょう。健一さんは完食することができました。認知症になると、たくさんの食事が目の前に置いてあると、何を食べていいのか、わからなくなってしまうことがあります。その場合も、健一さんのときと同じように、一品ずつ目の前に出して、その都度、料理の説明をするといいでしょう。

施設にまだ慣れていない健一さん。「ゆっくり食べてください」と話すことで、食事の時間がたっぷりとあるからあわてないで大丈夫だということを伝えることができます。

事をまんべんなく食べることができているかなど。観察をすることにより、新たな摂食困難が見つかることがあります。

STEP2 情報を「集める」

5つの要素から、以下のような「食べない、気になる食べ方をする理由」を想像することができます。

障害
食事がどこにあるのかわからない（失認）
箸の使い方がわからない（失行）
左側の食事が見えない（左半側空間無視）

健康
入れ歯が合わなかったり口内炎があると、食べるときに痛みが伴う
便秘でお腹が張って食欲が出ない
動脈硬化を予防する薬などの副作用により食欲が減退する場合がある
向精神薬の過剰投与による傾眠傾向やせん妄などの影響で、食事摂取量が減少する場合がある
脳卒中の後遺症がある場合は、誤嚥や摂食嚥下障害が起こりやすくなる
手首の関節炎が悪化し、痛みのため食事摂取量が減少する場合がある

生活
普段使用しているものとは違う食器に盛られていると、自分のものではないと思う

性格
気が短いので、箸がうまく使えずイライラしている

環境
食事中のワゴンの音がうるさいため、気が散ってしまい、食事に集中できない
新しい介助者の介助の仕方が前と違うので食べにくい
病院の、慣れないベッドの上での食事では不安が伴い食べられない

STEP3 ニーズを「見つける」

理由が想像できたら、それに合うケアの方法を考え、話しかけましょう。

摂食障害や嚥下障害の場合は、嚥下体操（嚥下のために必要な筋肉を鍛えるための体操）や健口体操（口腔機能を維持・向上するための体操）などを取り入れましょう。病院のリハビリなどでも、嚥下に関係する筋肉等の運動が取り入れられています。嚥下障害を専門にする口腔リハビリ外来では、現在症状がなくても、このような摂食障害や嚥下障害の予防を目的とした検査や指導も行っています。

手首の関節炎の悪化が原因の場合は、湿布などで炎症を抑えます。

薬剤の影響や向精神薬の過剰投与が疑われる場合は、医師に相談をしましょう。

食べたいけれど、食べられない

食べられそうな食品を試してみることをおすすめする

食べてみますか？

S　●食事の準備をして栄子さんの横に座る
栄子さん、食事の準備ができましたよ。

栄子さん　**食べさせてください。**

S　●スプーンでお茶ゼリーをすくい、口に運ぶ
栄子さん、お茶です。ひと口どうぞ。

栄子さん　■口からゼリーを吐き出す
食べられんわぁ。

S　**じゃあ、パンを食べてみますか？**

栄子さん　**パン、ください。**

S　●パンをひと口大にちぎり、口に運ぶ

栄子さん　■何度かパンを咀嚼《そしゃく》したあと、吐き出す
食べられんわぁ。（だんだん声が大きくなる）

栗原栄子さん（86歳）アルツハイマー型認知症。下肢筋力低下により、下肢はほとんど動かさず、上肢は指先に力が入らない。ひとり暮らし。1ヶ月前にグループホームから特別養護老人ホームに移る。

FROM STAFF

栄子さんは、食べたいという思いはあるけれど、食事を認識できにくく、感覚が鈍くなっていることから刺激も感じ取りにくい状態にあります。そこで、食事であることがわかるように、口に運ぶ前に「お茶です」などと、ひとつずつ食べ物の説明をします。食べられないものが続くと、「食べられんわぁ」と言う声が大きくなってきて、もどかしさや不安感が伝わってきます。そこで、食事の合間には栄子さんの手や肩をさすって、自分がそばにいることを伝えます。すると、徐々に落ち着きを取り戻すことができます。この日は、栄子さんが好きなもので感覚も伝わりやすいアイスクリームを選ぶことで、食事を意識しやすい環境を整えました。

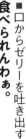

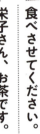

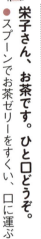

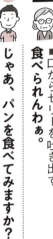

● 栄子さんの手や肩をさする
そのあと、アイスクリームを用意

栄子さん、アイスクリームを持ってきましたよ。食べてみますか？

食べさせてください。

■ アイスクリームを口に含み、飲み込む

もっと食べますか？

食べさせてください。

■ このようにして、アイスクリームを食べ続け、半分ほど食べたところで食事は終了した

味覚変化の原因

味覚変化の大きな原因は、脳梗塞や脳出血、舌にある味を感じるセンサー（味蕾《みらい》）の細胞の減少、感度の鈍化にあるといわれます。レビー小体型認知症によるにおいがわからなくなる障害が関係していることもあります。唾液の分泌量減少や栄養不足（特に亜鉛不足）、口腔カンジダ症なども原因のひとつとして考えられます。

POINT

高齢になると味覚が変わり、食べ物の味がわかりにくいといった味覚変化が現れます。栄子さんも食べ物の味がわかりにくく、熱い・冷たいといった刺激も感じ取りにくくなっています。さらに食べ物を認識することが難しいため、食べた物が口に合わないと吐き出してしまい、食べられないことに対して（そして、人によっては、おいしいものを食べさせてもらえないと思い）イライラしてきます（食べ方の困難／ P81 参照）。

食べられないものが多いと、食事形態をすぐに変えて対応することがあります。しかし、栄子さんは噛むことができ、食べることが好きです。そのような場合は、食べられそうなものを一品ずつ「食べてみますか？」と確認しながら食べてもらいましょう。つらそうなときは、手や肩にふれながら、そばにいることを伝え、落ち着いて食事に意識が向けられようにサポートしましょう。そして、食べられるものを探し、栄養士さんと相談をします。

食べ物を床に投げ捨てる

集中が途切れたら、一度お休みをすることを提案する

少し休憩しましょうか

S
節子さん、ご飯になりましたよ。先にお茶をどうですか？

節子さん
あはは……。（笑顔）**あっちに行ったのかしら……。**

■発する言葉にスタッフが答えるが、会話は成り立たない
コップを確認して手に取り、ひと口飲む

熱い。あ～おいしい。

■一気に飲み干す

S
節子さん、よかったら、こちらもどうぞ。にんじんの煮物です。

●器の中身が見える位置に、器を差し出す
●箸を手渡す

節子さん
■刻んだにんじんの煮物を無言でひと口食べたが、途中で口から取り出して、床に投げ捨ててしまう
そのあとは、器の中の食べ物を手でつかみテーブルの上に置き始める

S
節子さん、少し休憩しましょうか。

FROM STAFF

刻み食を食べている節子さん。だんだんと食べている時間が長くなり、最近では途中で口から食べ物を取り出して床に投げ捨てたり、器から手づかみした食品をテーブルに置いたりすることも。その場合は「少し休憩しましょうか」と声をかけて休みます。口から取り出したものは繊維質のものでした。栄養士と相談。歯の状態が悪化していることに気づき、ソフト食に変更したところ、最後まで集中して完食できるようになりました。

熊本節子さん（86歳）アルツハイマー型認知症。骨折から歩行困難になり、現在、車椅子を使用。明るく活動的な性格だと家族は言う。会話が成り立たないことが多い。特別養護老人ホームに入居して2年。

●食器を下げながら、投げ捨てた物を観察する

手を拭きましょうか。

●温かいおしぼりを節子さんに手渡す

節子さん

いいわ〜。

■笑顔で気持ちよく手を拭く

S

●節子さんの口の中に食事が残っていないことを確認したあと、再び食事（刻み食）を持ってくる
和風ハンバーグ、みかんゼリーは完食
ほうれん草のおひたしは口から出してしまう
食後、栄養士と話し合い、ソフト食に変えることにする

S

●次の日の朝食

節子さん、ご飯になりましたよ。
先にお茶をどうですか？

節子さん

■コップを確認して手に取り、ひと口飲む

熱い。あ〜おいしい。

■一気に飲み干す

S

節子さん、よかったら、こちらもどうぞ。

●器の中身が見える位置に、器を差し出す

にんじんの煮物です。

節子さん

■にんじんの煮物のソフト食を、スプーンを使って素早くすべて食べる
このあとも、節子さんは、「おいしい」と言いながら、すべての食事をスムーズに食べることができた

POINT

食べた物を途中で口から取り出すのは、何かの理由で食べられないためです（摂食の中断／ P81 参照）。食べ物がおいしくない（食べたくない）、飲み込めない（むせる）、噛めない、食べるのに集中できないなど、いろいろな理由が考えられます。節子さんの場合は、取り出した物が繊維質のもので、食べるのにも時間がかかっていることから、噛めないために食べている途中で疲れてしまったことが理由ではないかとスタッフは考えました。器の中の食べ物を手でつかみ、テーブルの上に置き始めるのも、集中力がなくなっているからでしょう。そのようなときは、気分転換をするために、一度食事を中断して、少しお休みをしましょう。手が汚れていますから、温かいおしぼりで手を拭くと、リフレッシュすることができます。そして食事を再開します。摂食の中断があるときは、食事形態や環境の見直しが必要です。節子さんの場合は、ソフト食に変えることで食事が快適になりました。その人にとっての快適な食事とはどんな食事なのかを考えることが大切です。

食事の途中で手が止まる

残っている食品を見てもらい、食べることをすすめる

もう少し召し上がりませんか？

S：**喜八郎さん、お食事をお持ちしました。今日のおかずは、豚肉の生姜焼きと、大根やにんじんの煮物と、ほうれん草としめじの煮浸しです。**

喜八郎さん：**いただきます。**

■食べている途中で、箸が止まる。ほかの人が立ち上がってトイレに行こうとするのを見ている

S：**喜八郎さん、小鉢のほうれん草がまだ残っていますよ。もう少し召し上がりませんか？**

喜八郎さん：**ああ、そう。**

■奥にあった小鉢を喜八郎さんの目の前に持ってくる

S：**ここにあります。おいしそうですよ。**

●喜八郎さんの、箸を持つ手に軽く触れる

喜八郎さん：**おお、そうかい。**

■食べ始める

土居喜八郎さん（77歳）アルツハイマー型認知症。穏やかな性格。グループホームに入居して2年。

POINT

複雑性注意障害があると、物音や人の動きなどの刺激により食べるのを中断してしまうことがあります。その場合は、「もう少し召し上がりませんか？」「次はほうれん草を召し上がりませんか？」などと、注意が食事に戻るような声かけをします。そして、まだ残っている食事の器を手前に持ってきたり、手を添えて箸や器を持つことをすすめてみたり、刺激を排除したり（テレビやワゴンの音をなくすなど）します。「おいしそうですよ」の言葉も忘れずに。

FROM STAFF

喜八郎さんは、物音がしたり、人の動きが目についたりすると、食事が途中で止まることがあります（摂食の中断／ P81 参照）。そのときは、まだ食事が残っていることを伝え、「もう少し召し上がりませんか？」と声をかけます。器を手前にし、手に触れると意識がまた食事に向きます。

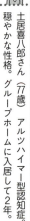

他の人の食事に手を出してしまう

本人が見やすい場所に食事を移動する

一郎さんのお食事はこちらに置きますね

S 一郎さん、食事をお持ちしました。今日のおかずは、野菜のコロッケとなすの煮浸し、大根とハムのサラダです。

一郎さん いただきます。

■しばらくして自分の分が食べ終わると、隣の人の食事に箸を伸ばしている

たまきさん これは私のよ。

S たまきさん、ごめんなさい。一郎さん、一郎さんのお食事はこちらに置きますね。

玉川一郎さん（81歳） アルツハイマー型認知症。昔、ラグビーで痛めた膝の調子が悪いとすり足になる。明るい性格。グループホームに入居して半年。

POINT

他の人の食事に手を出してしまったときは、手を出された人に「ごめんなさい」と謝り、手を出してしまった人には何か食べ物を用意します。その人の食べ物がまだ残っているときはそれを、完食しているときはおやつや飲み物を目の前に出して「〇〇さんの食事はこちらに置きますね」と言います。前頭葉機能低下による脱抑制や、食事が足りていない、左半側空間無視がある、視力が低下しているなど、その理由を考え、その後は対策をとります。

FROM STAFF

一郎さんは自分の分の食事が終わると、隣の人の食事を食べてしまうことがあります。失認があるため、自分と他人の食事の見分けがつかないようです。また、よく歩いているので、食事の量が足りていないのかもしれません。そのような時は、一郎さん用に保存しているおやつを出します。

排泄のお手伝いを嫌がる

「お手伝いします」とは言わず、一緒にトイレに行くことを誘う

一緒に行きませんか？

河村博さん（72歳）　アルツハイマー型認知症。娘夫婦と同居していたが、1ヶ月前から介護老人保健施設に入居。言葉が少なく、おっとりとした性格。

博さん お腹の
調子はいかがですか？
2〜3分後
もう少ししてから
声をかけよう
そうだな。
そんなら行くか
僕も今から便所に行く
ので一緒に行きませんか？
…。
便所
トイレ
博さん、便所は
こちらですよ
ウン

「自分で排泄ができる」ためのケアを

排泄は、尿意・便意を知覚し、排泄場所を思い出してから移動し、トイレに着いたら、衣服を脱いで、排泄をし、拭いてから、水を流し、最後に手洗いをする、という流れがあります。実行機能障害があると、この流れがわからなくなります。また、場所の失認があるとトイレの場所がわからなくなり、失行があるとトイレの使い方がわからなくなります。

自分で排泄ができることは、とても大切なことです。そこで、このような排泄の流れを自分でできるようにサポートしましょう。上手なタイミングで尿意・便意を感じているかを聞いてみたり、トイレの中での動きに合わせて声をかけたりすることで、認知症の人は気づき、次の行動に移せたり、今まで自然に行うことができていた排泄の動きが保たれるようになります。

プライバシーを守ることを大切にする

もしも自分が排泄しているところを見られたり、トイレに行きたくないのに無理やり行かされたりしたら、

博さんは、部屋の中をウロウロしたり、キョロキョロといろいろなところを見たりして落ち着きのない様子です。これは、博さんがトイレに行きたいときのサイン。トイレを探しているのだけれど、どこにあるのかわからないのかもしれません。

プライバシーを無視された、子ども扱いされたなどと思いませんか。認知症の人も同じ思いを抱きます。プライベートな空間で、自分の意思で行うのが排泄の基本です。

個室で排泄のお手伝いをするときは、その人のプライバシーに踏み込んでいることを忘れずに、まずは**「…させていただいてもいいですか？」**とお聞きして許可をもらい、お手伝いをする前には**「すみません」「ごめんなさい」「大丈夫ですか？」**と、その人のつらい気持ちを察した声かけをしましょう。「自分ではできないから助けてもらうのはうれしいけれど、本当は自分でしたいし、他の人にこんなところを見られるのは嫌だ」という思いを抱いている人でも、ケアをする人が自分の気持ちを察してくれて、声をかけてくれたら、「この人なら助けてもらおう」と思ってくれるのではないでしょうか。

また、トイレへ誘うときも、「トイレの時間です」「もう行きたいですよね」というような勝手な思いを押し付けるような話し方をするのは避けましょう。**「そろ**

博さんは、いつもトイレのことを「便所」と呼んでいます。そのため、トイレや手洗いなどと言っても、便所のこととは思えません。そこで、いつもの呼び方を使って「そろそろ便所に行きませんか？」と話しかけます。

そろトイレに行きませんか?」「お腹の調子はどうですか?」などと、その人が自分の尿意や便意と向き合える話しかけ方をすれば、トイレに行くか、行かないかの選択を自らすることへと導くことができます。

STEP 排泄の時のケアに役立つ3ステップ

排泄に関わるケアがうまくいかないときは、3ステップを使って、その理由を探りましょう。

STEP1 思いを「聞く」

どのようなシーンでの悩みかによって、聞き方が違ってきますが、必ず聞きたいのは**「お腹が痛いですか?」「気持ち悪いところはありますか?」**という質問です。高齢者は便秘になりやすいため、そのことが原因で夜中に何回もトイレに起きたり、排便のタイミングがわからなかったりすることがあります。失禁してしまったときは**「トイレの場所がわかりませんでしたか?」**などと理由を知るための聞き方をしてみましょう。

STEP2 情報を「集める」

5つの要素から、以下のような「排泄にまつわる悩みの理由」を想像することができます。

博さんは、人に手伝われることがあまり好きではありません。そのため、便所に行こうと誘っても、「行かなくていい」と言うことがよくあります。

2～3分たってから、また声をかけます。先ほど、便所という言葉に対してよい反応がなかったため、便所という言葉は使わず、「お腹の調子はいかがですか?」と言います。

特に、高齢者の場合は排便障害や排尿障害を起こしやすくなります。健康については、しっかりと確認する必要があります。

障害

トイレの場所がわからない（見当識障害）

トイレへ行く流れや、トイレの中での手順がわからない

「トイレ」という文字が読めない

健康

便秘でお腹が痛いのに排便ができず、トイレに行ってもイライラする（薬の副作用、長期臥床による筋力低下により便秘になることも）

水様便になってしまう

男性では前立腺肥大症、前立腺がんなどで排尿障害、溢流《いつりゅう》性尿失禁（排尿ができず膀胱に尿がたまり、尿もれする）を起こす場合がある

失禁が起こりやすくなる（尿路感染、過活動膀胱など）

夜中に何度も尿意をもよおす（夜間頻尿）

生活

畑仕事の合間に外で排尿をしていたので、植木鉢などに排尿をしてしまう

性格

人の手は借りたくないので、手助けされることを拒否する

環境

カーテンだけで仕切られたトイレではプライバシーが保たれず、入りたくない

STEP3 ニーズを「見つける」

理由が想像できたら、それに合うケアの方法を考え、話しかけましょう。

健康的な排泄のためには、食事、水分、運動の管理が大切です。これがうまくいっていないときには便秘や下痢になったり、排泄のリズムが整わなくなったりするため、排泄に苦痛が伴うようになります。ケアをしていて排泄の悩みに気づいたら、その場しのぎのケアだけで終わらすのではなく、その人の食事、水分、運動をもう一度見つめ直して、ケアを立て直すようにします。

僕も今から便所に行くので一緒に行きませんか？
・・・。

「一緒に行きませんか？」と誘うと、「それなら行くか」と言ってくれました。「一緒に行く」という言葉には、連れて行かれるというイメージがないため、賛成してくれるのでしょう。

トイレの個室内での手助けを嫌がる

お手伝い以外の、個室に入る理由を探し、入る許可を得る

中に入って確認してもいいですか？

●貧乏ゆすりを始めたしのぶさんに気がつく

S　**しのぶさん、トイレに一緒に行きませんか？**

しのぶさん　**ひとりで行けるから大丈夫。**

S　**そうですか。私もちょうど用事があって行くところなんです。一緒に行きませんか？**

しのぶさん　**そうだね。それなら行こうかね。**

■スタッフと一緒にトイレへ行く

S　**用事がすんだら、私は外で待っていますね。**

しのぶさん　**はいはい。**

■個室に入る

●しばらくしてから…

S　**そろそろ、大丈夫ですか？　お手伝いしますか？**

FROM STAFF

しのぶさんは、長年ひとりで生活してきたので、なんでも自分でできたし、今でも自分でしたいと思っています。最近ではトイレでのお手伝いが必要であると判断しましたが、「お手伝いさせてください」とストレートにお願いしても、ひとりでできるから大丈夫と言って、いつも拒否します。そこで、トイレに行くときは「一緒に行きませんか？」と誘います。すると一緒に行ってくれるので、トイレまで来たら「用事がすんだら、外で待っています」と言って、トイレを少し掃除しながら、中の様子を音で確認しつつ個室の外で待っています。しのぶさんの排泄が終わったころに、「トイレットペーパーのことが心配なので、中に入ってもいいですか」と聞きます。入る許可とお手伝いの許可を得てからお手伝いをします。

大城しのぶさん（73歳）アルツハイマー型認知症。夫を早くに亡くし、ひとり暮らし。介護付き老人ホームに入居して7年。職員からのお手伝いを嫌がることが多い。

しのぶさん ■無言

S すみません、トイレットペーパーが残り少なくなっていませんか？ 中に入って確認してもいいですか？

しのぶさん はい、いいですよ。

S ●個室に入る
お手伝いしてもいいですか？

しのぶさん いいですよ。

S ●しのぶさんのお手伝いをする
さっぱりしましたか？ あと少しで終わりです。

しのぶさん はい、ありがとう。

POINT

認知症の人の、「できるだけ自分でしたい」という気持ちは、能力を維持するためにも、大切にしたいことです。しかし、実際には認知症の人は苦手なことが増えてきて、自分だけではできないことが出てきます。そうしたときは、介助を強制するのではなく、その人の気持ちを受け止めて大切にしながら、苦手な部分をサポートします。しのぶさんはトイレをひとりですませることができると思っています。ついてこられるのも嫌そうです。そこで、「私もちょうど行くところです。一緒に行きませんか？」と誘ってみましょう。うそをつくのはいけません。しかし、『しのぶさんの様子を見て→一緒に行きたい→それなら、私はトイレの掃除をするためにトイレに行こう→しのぶさんに一緒に行こうと誘おう』と考えて声をかければ、それはしのぶさんの思いに寄り添う行動であり、決してうそではありません。トイレの個室に入るときも『トイレットペーパーのことが心配→そのことを伝えて個室に入れてもらおう』と考えて声をかけましょう。

失禁してしまった

まわりの人に気づかれないように、さりげなくトイレに誘う

トイレに行ってみませんか？

剛さん ■トイレに間に合わず、廊下で失禁してしまう

S **剛さん、すみません、遅くなりましたがトイレの場所をご説明させてください。**

●剛さんの腰にタオルを巻く

トイレに行ってみませんか？

剛さん ■コクリとうなずくトイレに移動する

S **トイレで座ってみませんか。**

剛さん **ああ。**

S **洗濯が終わった洋服をお持ちしました。せっかくなので着替えませんか？**

剛さん **ああ。**

FROM STAFF

入居して１ヵ月ということもあり、トイレの位置がわからなかった剛さん。廊下を歩いているときに（多分、トイレを探していたと思われます）、失禁してしまいました。初めてのことなので、呆然と立ち尽くしてしまったところをスタッフが気づき、話しかけました。まずは、トイレがわかりにくかったことをお詫びして、まわりの人に気づかれないように腰にタオルを巻き、トイレに誘いました。混乱している様子が見られたので、失禁については触れず、着替えを手伝い、汚れたものは洗濯するので安心してくださいと伝えました。その後は、デイルームで一緒にお茶を飲みながら、娘さんの話などをしました。

大原剛さん（75歳）　アルツハイマー型認知症。娘夫婦と同居していたが、1ヶ月前にグループホームに入居。まだ施設に慣れていないため、不安な様子が見られる。無口で温和な性格と家族は言う。

S
●汚れた服を指差して
こちらは、よろしかったら私が洗濯させていただきます。

剛さん
ああ。

S
剛さん、お疲れになりましたね。お茶をいれますので一緒にデイルームに行きませんか？

剛さん
ああ。
■スタッフと一緒にデイルームに移動する

POINT

パンツでもオムツでもパッドを使っていても、失禁をしてしまうことがあります。ケアをする側が気づいたときは、失禁についてあまり触れることなく、その人をトイレに誘いましょう。失禁したことをまわりの人に気づかれないように腰にタオルを巻くなどしてトイレに向かい、汚した床などは素早く拭くなどして清潔にします。本人が失禁に気づいているときは、失敗してしまったという思いから気持ちが落ち込むこともあります。その場合、ケアをする側は、誰でもそういうことがあるし、あってもいいという気持ちで「体調が悪いこともありますよね」と話しかけて、気にしないように配慮しましょう。
また、着替えたらそれでおしまいにせず、そのあと、少し話をするなどして、不安な気持ちが落ち着くよう、寄り添いましょう。排泄の失敗は本人にとってとても悲しいことです。失禁に気がついていないときは、失敗に気づかせないように、できるだけスムーズにトイレに誘導して着替えをしてもらいます。その場合も、その人の様子をしっかり見て、気持ちに寄り添うようにしましょう。

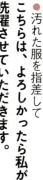

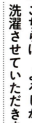

トイレ以外の場所で排尿する

トイレへの案内不足を謝り、対策をとる

トイレの場所がわかりにくかったですね

修造さん

■夜中に部屋の壁に向かって排尿してしまった

修造さん、トイレの場所がわかりにくかったのですね。ごめんなさい。今、掃除しますね。

S

●その後、スタッフで対策を練り、いつも排尿してしまう壁に鳥居の絵*とトイレの場所を示す「トイレ⬇」の表示を貼る

S

修造さん、トイレの場所がわかるようにここに矢印を書いておきました。

修造さん

■夜中、部屋の外にあるトイレで排尿をする

*「鳥居の絵を貼っておくと、その場所で排尿しない」という話を聞き、試してみました。ここでは排尿できないからトイレを探そうと思ってくれることを願いました。修造さんの場合は、この掲示が役に立ったのかもしれません。

秋野修造さん（77歳）　アルツハイマー型認知症。グループホームに入居していたが、肺炎のため緊急入院。

POINT

トイレ以外の場所で排尿してしまうのには理由があります。トイレの場所の見当識障害のため、ゴミ箱などをトイレと思ってしまったなど、まずは理由を考え、それについて事前に説明をしなかったことに対して「ごめんなさい」とお詫びをしましょう。修造さんの場合は、入院前の習慣から部屋の中にトイレがあると思い込んでいたことが大きな原因のようです。その場合は表示を貼るなど、トイレの場所がわかりやすくなる工夫をしましょう。

FROM STAFF

グループホームではトイレのある個室で過ごしていたため、夜中トイレに起きたときに病室内で排尿してしまったようです。トイレの場所がわかりにくかったことをお詫びし、トイレの表示と鳥居の絵を壁に貼ったところ、夜中にトイレまでひとりで行けるようになりました。

便に触ってしまう

動揺が激しくならないように、さり気なく洗面所へ案内する

その前に手を洗いましょうか

牧子さん
■デイルームの席に座っていたところオムツに手を入れて、便に触ってしまった

S
牧子さん、今から飲み物の準備をするので一緒に飲みましょう。その前に手を洗いましょうか。

牧子さん
■うなずく

S
●牧子さんと一緒に洗面所に向かう途中で
ついでにトイレに行っておきませんか？

牧子さん
そうしましょうか。
■トイレに行って、手を洗い、オムツを替え、用を足す

一谷牧子さん（85歳）　アルツハイマー型認知症。娘の家族と同居。社交的で人と話をするのが好き。デイサービスに通い始めて3ヶ月。便を漏らしてしまうことが出てきて、最近オムツを使うことにしたという。

POINT

牧子さんは便をしたことでオムツの中が不快になり、不快の原因が何なのか知りたくて、手を入れたのかもしれません。そして、手についたものが何かわからず、手を見ていたのでしょう。このとき「そのままにしてください」と大きな声を出して指示したり、「便を触ったのですね」と事実を伝えたりすると、より一層混乱してしまうので避けます。トイレと手洗いに誘い、清潔になったら、安心してもらえるようにしばらく話をしましょう。

FROM STAFF

牧子さんは便に触れてしまったあと、何が手についているのかわからない様子で手を見ていました。それを見たスタッフが、まずはお茶に誘い、「その前に手を洗いましょうか」と伝えました。トイレと手洗いをすませ、お茶を飲みながら話をして、不安な気持ちに寄り添いました。

体や髪を洗いたがらない

体や髪を洗うのによいタイミングを見計らい声をかける

ついでに頭も体も洗っておきましょうか

川北総子さん(88歳)アルツハイマー型認知症。膝の痛みと両下肢筋力低下あり、歩行はすり足。学校の校務員をしていた。夫が他界し、徐々に家事ができなくなり、現在、週3日、デイサービスを利用している。

浴室へ
自分で体を流す。そばにいると落ち着かないようなので…
ザバーッ
どうぞ
脱衣所
ゆっくりと自分で脱衣
総子さん、ついでに頭も体も洗っておきましょうか
ザー
そうだね
脱衣所から見守る
ここにいますね
ウン
ザーザー
あんたたちがおってこそ助かっている。こうして風呂にも入れてもらってすまないね
さっぱりしましたね
ありがとうございます

詳しく説明をして不安にさせない

認知症になり、しばらくすると、入浴の手順や、入浴するということ自体、どのようなことなのかわからなくなります（実行機能障害や記憶障害など）。そうしたときに、「お風呂に入りましょう」と急に言われても、「え、お風呂って何？　どうやって入るのかしら？」と不安になってしまいます。

そこで、入浴に誘うときは、入浴のことがわかるような具体的な言葉を使い、行動する前に手順を具体的に伝えるようにしましょう。たとえば、**「今日は汗をかいたので、お風呂で汗を流しませんか？」「お風呂で体を温めませんか？」**などと誘い、お風呂場に着いたら、**「洋服を脱いでこのカゴに入れてください。こちらにいるので、脱ぎ終わったら呼んでくださいね」**といった具合です。入浴が終わるまで、ひとつひとつ、ていねいすぎるくらい説明をしたり、様子をうかがったりしながら、進めていきましょう。その人を不安にさせないように、心を配っていくことが大切です。

どんなことがあっても、うそをついてお風呂場に連

息子さんからはデイサービスでお風呂に入ってきてと言われているけれど、自分は家に帰ってから入りたいと思っている総子さん。でも、息子さんの気持ちに応えたいという思いや、まわりの人に気を遣っている様子もあります。
そこで、話しかけるときは、あえて「お風呂」という言葉を使わず、「お湯が沸いていますがどうしますか？」と言います（「お風呂に入りましょう」と言うと、「家に帰ってから入ります」と言って、機嫌が悪くなるためです）。そして、しつこく誘うことはしません。総子さんはたまに「ほうっておいてほしい」と言うことがあるからです。

れて行ってはいけません。信頼関係がくずれてしまいます。

プライバシーを守ることを大切にする

排泄と同様、入浴もプライバシーに配慮したケアが大切です。特に、服を脱ぐところは人に見られたくないものですし、裸を見せるのも嫌かもしれません。その点に気を遣いながら、お手伝いするときは**「お手伝いさせていただいてもいいですか?」**と確認したり、お手伝いする前には**「すみません」「ごめんなさい」「大丈夫ですか」**と話しかけたり、その人の思いを察した話し方をしましょう。

間違っても、黙って脱がせてしまったり、体を隠しているタオルを取り上げてしまったりしてはいけません。そのような、その人の思いを無視した行動をとると、それをきっかけにお風呂に入ることが嫌になってしまったり、BPSD（P19参照）が現れたりする可能性があります。

入りたくなったときは、自分から声をかけてきてくれる総子さん。そして、いつも湯船につかるだけで、体や髪を洗わずにお風呂から上がりたいと言います。総子さんの気持ちを受け止めて、体や髪を洗わない日があってもいいので、まずは気持ちよくお風呂に入ってもらいたいと思い、お風呂に案内します。

1 2 3 STEP

入浴のケアに役立つ3ステップ

「お風呂に入りたくないと言う」「お風呂でのお手伝いを嫌がる」といったようなことが起こったときは、3ステップを使って、その理由を探りましょう。

STEP1 思いを「聞く」

悩んだときはすぐに、思いを聞いてみましょう。「嫌ですか?」という問いかけには、答えにくいものです。**「入りたくないですか?」「具合が悪いですか?」「痛いところがありますか?」**など体調も確認してみましょう。もしかしたら、入浴の意味がわからず、嫌だと思っているかもしれません。「お風呂」という言葉ではわかりにくい場合は、**「温まりに行きましょう。気持ちがいいですよ」「お湯につかって、きれいになりましょう」**など、別の言い方をしてみると理解できる場合もあります。また、温泉マーク（♨）を見ることで、お風呂をイメージできる場合もあります。

STEP2 情報を「集める」

5つの要素から、以下のような「入浴にまつわる悩みの理由」を想像することができます。

「ここで洋服を脱いでください」と話しかけると、総子さんは自分で脱衣することができます。

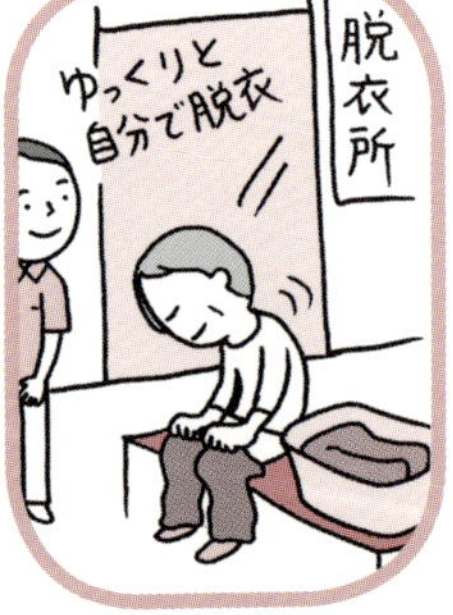

湯船まで行き、洗面器を渡すと、総子さんは自分で湯船のお湯をくみ、体にかけます。

湯船に入ったあとは、そばにいると落ち着かない様子なので、脱衣所から見守ります。

障害 お風呂場に向かっている途中で、どこに行くのか忘れてしまう（記憶障害）
入浴という言葉の意味がわからない（失語症）

健康 体にある手術痕を見せたくない
意欲が低下しているため、お風呂に入るのが面倒

生活 お風呂はいつも夜入っていたので、昼間はお風呂に入りたくない

性格 人の手は借りたくないので、手伝いを拒否する

環境 脱衣所が寒いので、服を脱ぎたくない

STEP3 ニーズを「見つける」

理由が想像できたら、それに合うケアの方法を考え、話しかけましょう。

そして、改めて考えてほしいのは「今日、必ずお風呂に入らなければいけない理由があるのか」ということです。数日入らなくても、体を拭いたり、足浴をしたりしていれば、今日入らなくてもいいのかもしれません。その人の気持ちを受け止め、そして体調を考えた入浴のケアをするようにしましょう。

湯船から上がるときに、バスチェアを持って総子さんのところに行きます。座ったらすぐに「ついでに頭と体も洗っておきましょうか」と言います。すると「そうだね」と答えて、両耳を自分の手でふさぎ、目を閉じます。この動作が「頭を洗ってもいい」というサインです。そのあと、ゆっくりとシャワーで髪や体を洗います。
お風呂に入る前に「頭と体も洗いましょう」と言うと、「今日は頭を洗いたくない」とよく言うのですが、バスチェアに座ったタイミングで誘うと、洗うことに賛成してくれます。

傷口が気になり、お風呂に入りたくない

気になる気持ちを受け止め、傷口をカバーすることを提案する

傷のところにタオルを当てて、シャワーだけでもしませんか?

S 芳子さん、こんにちは。看護師の小林です。今日はこれからお風呂に入りませんか?

芳子さん うーん、入るのはちょっと……。

S 嫌ですか? 体調悪いですか?

芳子さん 傷があるからね、痛むから……。

S 傷、怖いですよね。手術終わって、最初に入るの、怖いですよね。
もう傷は治っているので、少々の痛みなら先生がもうお風呂に入っていいと言っています。
傷のところにタオルを当てて、シャワーだけでもしませんか?

芳子さん うーん。

FROM STAFF

担当医からシャワー浴の許可が下りた芳子さん。傷口の回復を促すためにも、シャワー浴をしてほしいと思って、誘います。しかし、芳子さんは入浴を躊躇しているので、その理由を聞くために「嫌ですか? 体調悪いですか?」と、話しかけます。傷口にシャワーの湯がしみて痛むことを気にしている様子。実際には手術痕のところには防水テープが貼ってあるので、しみることはありません。しかし、芳子さんの気持ちを受け止めて、少しでも湯が傷口にかからないようにタオルを当てたままシャワーを浴びることを提案します。シャワー中はリラックスしてもらうために、芳子さんのがんばりを認めるなど回復意欲の向上に向けての話をします。

相原芳子さん(73歳) アルツハイマー型認知症。夫婦で暮らす。腸閉塞で緊急入院。

S 芳子さんが、傷口のところにタオルを当てていてくれれば、私がシャワーで流すので入ってみませんか？

芳子さん それなら、入ってみようか。

■シャワー室に行く。椅子に座り、傷口にタオルを当てる。スタッフは体と髪を洗う

S 芳子さん、手術、大変でしたね。

芳子さん そうなの、大変だった。

S よくがんばりましたね。

芳子さん うん、がんばったよ。

■洗い終わる

S 傷口、痛くなかったですか？

芳子さん 大丈夫でした。

S それはよかったですね。

■着替えをして、シャワールームから病室へ戻った

POINT

手術を受けたあと最初にシャワーを浴びるときは傷口のことが気になり、怖いものです。そこで、シャワーを嫌がるときはその理由を聞いてみます。芳子さんの場合は、傷口が（濡れることで）痛むのが怖いようです。その場合、「痛むことはありませんよ。先生もそう言ってますから」というように、芳子さんの思いを無視したような言い方をしてはいけません。きちんと納得をしたうえでシャワーを浴びてもらわないと、浴びている途中で万が一少しでも痛みを感じたら、パニックを起こしてしまうかもしれません。そこで、芳子さんの気持ちを受け止めて、傷口のところにタオルを当てておくことを提案します（防水テープをつけていることも合わせて伝えてもいいでしょう）。納得して、入ってくれることになったら、シャワーの間は芳子さんを気遣った言葉を投げかけて、気持ちに寄り添いながら過ごします。そしてシャワーが終わったら「傷口、痛くなかったですか？」と必ず聞きます。痛みがなかったら、「よかったですね」と言って一緒に喜びます。

清拭を一緒にする

ジェスチャーを取り入れながら、拭く部位ごとに説明をする

ご自分で拭いてみませんか？

S **実さん、体を拭いて、さっぱりしませんか？**

実さん **ああ、わかった。**

S **ご自分で拭いてみませんか？**

実さん **ああ、そうかい。**

はい、タオルです。
●実さんにタオルを渡す

S **自分の手をよく見て、拭いてくださいね。**
●手を拭くジェスチャーをする

実さん
■手をていねいに拭き、終わる

S **実さん、胸も拭いてください。**
●胸を拭くジェスチャーをする
実さんの背中側に回って、
自分からは胸が見えないようにする

FROM STAFF

手術後、機能を回復させるために歩行練習などのリハビリを始めた実さん。清拭をするときも、機能を保つために、できるだけ自分で拭いてもらうようにしています。実行機能障害があるため、拭く場所を一ヶ所ずつ伝えます。そして、その都度、その場所を拭くジェスチャーをします。背中を拭くとき、実さんが緊張しないように、リラックスできるような話をするようにします。息子さんがよくお見舞いに来ていて、仲がよい様子を見ているので、この日は息子さんのことを話題にしました。

芦名実さん（73歳）アルツハイマー型認知症。息子夫婦と2世帯住宅に住む。転倒による大腿骨頸部（足の付け根）の骨折により入院。

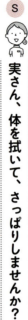

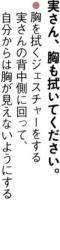

実さん　ああ。
■胸をていねいに拭き、終わる

S　午前中、がんばった足も拭きましょうね。
●足を拭くジェスチャーをする

実さん　ああ、そうだね。
■足をていねいに拭き、終わる

S　お背中は自分で届きませんものね。
私が拭きますね。
●スタッフが背中を拭き始める
強さはどうですか？
息子さん、背中を拭いてくれますか？

実さん　そうだな。
銭湯に行ったときは、背中を流してくれるね。

S　息子さんが背中を流してくれるなんて、いいですね。

実さん　あー、そうだな。

S　はい、終わりました。お手伝いしてくれて、ありがとうございました。

POINT

認知症の人にとっては体を拭くことも、その手順がわからず、難しい場合があります。しかし、機能を保持するためには、できる範囲で構わないので自分で拭いてもらうようにしましょう。「ご自分で拭いてみませんか？」と聞いてみます。嫌だという返事があった場合は、無理強いをしてはいけません。拭いてもいいという返事があった場合はタオルを渡して、「自分の手をよく見て、拭いてくださいね」などと拭く場所を伝えます。同時に、タオルで手を拭くジェスチャーをすると、拭くときの動きが伝わり、動作を始めるきっかけになります。胸など見られたくない場所を拭くときは、スタッフは背中側に回ります。手が届かない部分はスタッフが拭きます。人に体を拭いてもらうのは、緊張が伴います。そこで、たとえば「息子さん、背中を拭いてくれますか？」と聞くことで回想をしてもらうなど、気持ちがよいまま清拭が終わるような会話をしましょう。最後に、「終わりました」という報告と、協力に対して感謝の気持ちを伝えます。

眠れず、夜中に何回も起きる

眠れない理由を、ひとつひとつ確認する

お腹が空いていませんか？

森久枝さん（82歳）　アルツハイマー型認知症。見当識障害がある。性格は穏やか。家族関係も良好。グループホームに入居して1年。

15分後にナースコール
眠れない
お腹空いてませんか？何か飲みますか？
そうだね。何かあったかいものを
ティールームでココアをお出しする
あ〜おいしかった！
誰もおらんね
夜の12時ですからね。皆さん寝ています
そんな時間か！寝ないといけないね
んまぁー
寝床に連れて行ってください
眠れるかな
まあ、寝てみます
また何かあったら呼んでください。明日の朝までいますから
朝までいるのか？起きたまま？大変だなぁ
じゃあおやすみ
起きていますよ。おやすみなさい

心と体の健康のために睡眠を大切にする

睡眠は、心と体の健康のバロメーターにもなります。よく眠れている人は、心も体もリフレッシュできていますが、よく眠れていない人は疲労を回復するチャンスを失い、心も体も疲れた状態のまま過ごしています。そして、よく眠れない日が続くと、自律神経が乱れてイライラ、めまい、便秘、下痢、頻尿などが起こってきます。BPSD（P19参照）の原因が寝不足であることも珍しいことではありません。

もしも眠れないときは、夜、自然によく眠れるように、日中の過ごし方を考えるなど、積極的なケアを取り入れましょう。

理由を探るような聞き方・話し方をする

もしも眠れずに起きてしまったときは、その人はいつも眠れないのか、今日だけたまたま眠れないのか、確認しましょう。

いつも眠れないのなら**「眠れなくてつらいですね」**などと、起きてしまう**「目が覚めてしまうのですね」**

眠れない久枝さん。どうして眠れないのか、久枝さんに聞いてみます。理由としてよくあるのが、暑い・寒いという不快、排泄の欲求（トイレに行きたい）、空腹などです。そこで、まずは暑い・寒いということがないか確認し、気分転換も兼ねてトイレに行ってみます。

つらい気持ちを受け入れるような話し方をしましょう。そして、一緒にお茶を飲んだり、便秘気味ならお腹を、冷えていたら手足をマッサージしたりして、眠りに入りやすくなるようなケアをしましょう。そして、眠れない原因を今一度見つめて、ケアを考え直します。

今日だけ眠れないときは、その理由を探るような話し方をします。**「今日は寝苦しいですか?」「エアコンの温度、下げますか?」「今日はおうちの方が来て忙しかったから、目が冴えて眠れませんか?」**など。そして、お茶を飲んだりマッサージをしたりして、リラックスする時間を過ごしてもらいましょう。

STEP 睡眠の時のケアに役立つ3ステップ

その人が眠れない理由がわからないときは、3ステップを使って、探ってみましょう。

一度寝床に入った久枝さん。でもまだ眠れなかったようで、ナースコールが鳴ります。次は空腹でないか聞いてみます。

STEP1 思いを「聞く」

眠れない理由を聞いてみましょう。「どうして眠れないのですか?」と聞いても、答えにくいので、様子を見ながら**「今日は寝苦しいですか?」「痛いところがありますか?」**など、具体的な質問をするようにしましょう。返事がない場合は、表情や動作から判断しましょう。

STEP2 情報を「集める」

5つの要素から、以下のような「眠れない理由」を想像することができます。

障害

夜であることが理解できない（見当識障害）

悪夢を見て大きな声で寝言を叫んだり、怒ったり、怖がったり、暴れたりすることがある（レム睡眠行動障害）

夜間の光などから人間の顔に見えたり、ないものが見えたりして、眠れなくなる（幻視）

健康

腰が痛む

便秘でお腹が張る

呼吸がしにくい

便秘薬を飲んだら排便したくなり、夜中に何度も起きてしまう

生活

夜間に尿意を感じ、何度も起きてしまう

布団で寝ていたので、ベッドでは眠れない

日中、眠っている。特に夕方眠っている時間があ

久枝さんが好きな温かいココアを出します。ゆっくりと飲みながら、ご家族のことなどいろいろとお話をします。飲み終わると、「誰もおらんね」と言うので、今の時間や皆さんが寝ていることを伝えます（見当識障害があるため、現在の状況を伝えます）。

るため、眠たくない
性格
ひとりだと不安。さらに慣れない部屋でひとりは不安
環境
まぶしい、音がうるさい、嫌なにおいがする、部屋が寒い・暑いなど
昼間に興奮するような出来事があった

STEP3
ニーズを「見つける」

理由が想像できたら、それに合うケアの方法を考え、話しかけましょう。

日中に寝ている時間が長い場合や、便秘でお腹が張って苦しくて夜眠りにくい場合は、散歩や体操、レクリエーションなどに誘い、日中に活動する時間を増やしましょう。同時に、脱水にならないような水分補給と心身をリラックスさせる休息時間も確保します。

レム睡眠行動障害があって夜中に起きてしまうと、その分、日中はウトウトしてしまうため活動量が減り、夜になっても眠れないという悪循環に陥ることも。その場合も、日中の活動量を増やすようにしましょう。

環境に問題があるときは、眠りにつけるような環境に整備します。不安が強い場合は、就寝前に手のマッサージをするのもおすすめです。

眠れないのは不安であることも理由のひとつだと思い、「何かあったら呼んでください。明日の朝までいます」と久枝さんに伝えます。いつでも近くにいるので安心してください、という気持ちを伝えたいからです。その後、久枝さんは朝まで起きることはありませんでした。

ベッドから車椅子への移動

これから移動する場所をはっきりと伝える

ここに移りましょう

北村敏夫さん（73歳） アルツハイマー型認知症。多発性脳梗塞で失語症がある。歩行困難、車椅子自走可能。視力低下（弱視）。怒りっぽい。ケア以外に関わりが少なく孤立している。

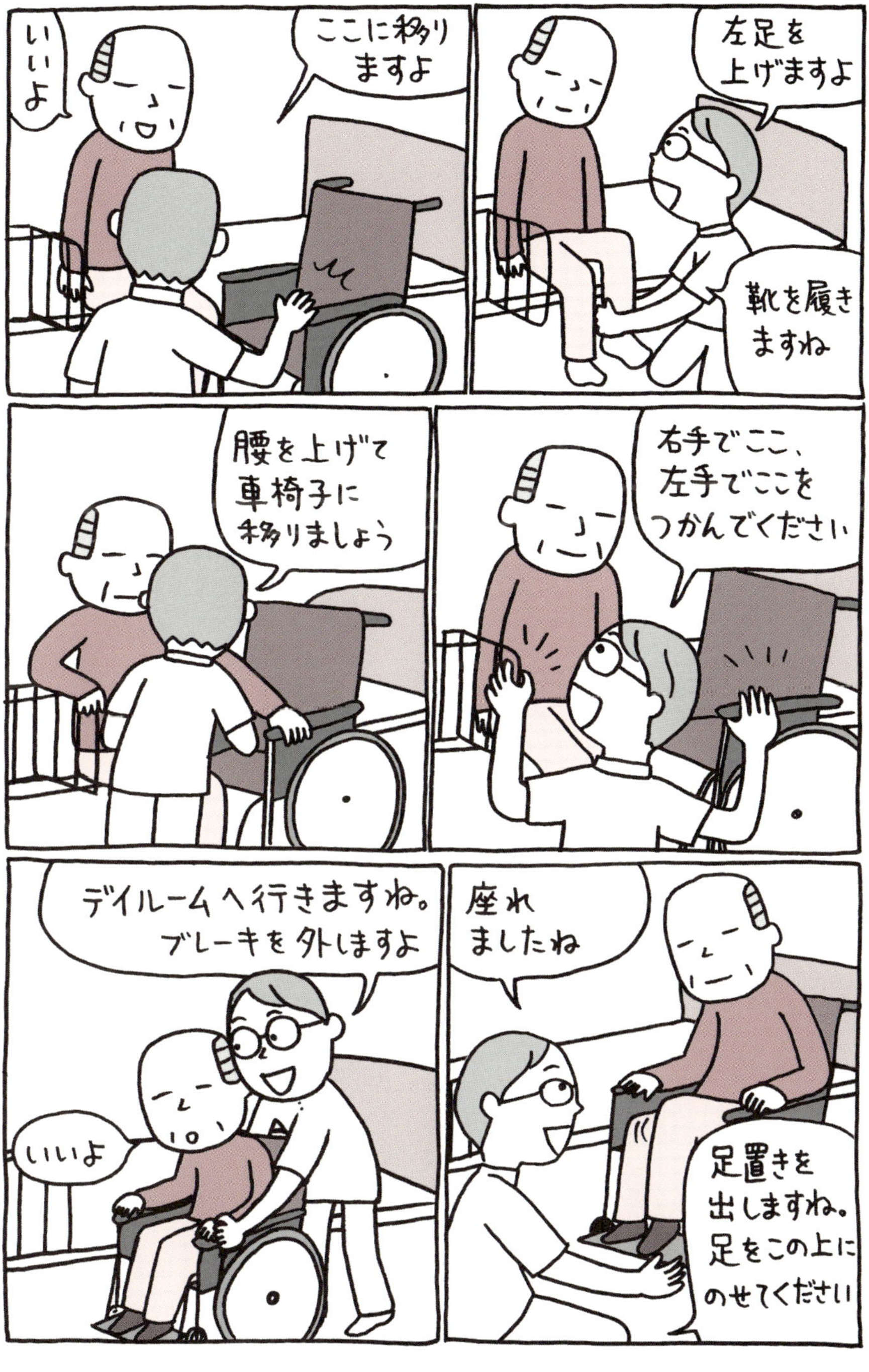
いいよ
ここに移りますよ
左足を上げますよ
靴を履きますね
腰を上げて車椅子に移りましょう
右手でここ、左手でここをつかんでください
デイルームへ行きますね。ブレーキを外しますよ
いいよ
座れましたね
足置きを出しますね。足をこの上にのせてください

どこまで行くかを繰り返し伝える

認知症の人と一緒に移動するときは、移動する前に必ず「どこまで行くのか」を明確に伝えましょう。このとき、たとえば「散歩に行く」と言っても、見当識障害があると、散歩とは何か、理解できなくなります。そこで**「歩いて近くの公園まで行きましょう」**などと、わかりやすい言葉で具体的に伝えるようにします。そして、伝えたときにその人が理解していない様子に見えたら、よりていねいに説明をし、理解と同意があったうえで移動をするようにします。

移動している途中は、**「そのまままっすぐ行きますよ」「その角を右に曲がりましょう」**などと、このあとどんなことをするのか（どのように動いていくのか）がわかるような話し方をしましょう。

また、記憶障害や判断力の低下があると、最初に行き先を聞いていても、移動している途中で忘れてしまい、「あれ？　私は今、どこに連れて行かれようとしているのかな」などと不安に思うことがあります。そこで、目的地に着くまで、**「公園まで行きましょうね」**な

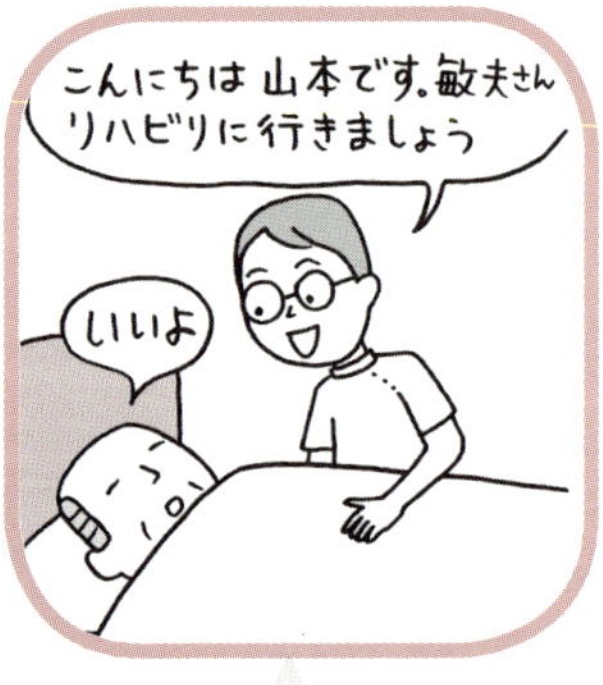

最初にあいさつと自己紹介をします。そして移動する目的を言い、返事をもらったら、移動の準備を始めます。

掛け布団をめくるときも、必ず一声かけ、返事を待って、了解が得られたら行います。

車椅子に乗るために、できることはしてもらい、できないことはお手伝いします。ひとつひとつの動きに対して声かけをしながら、それに対する反応（いいと言っているか、うなずいているか、ケアに応じる体の動きがあるか）を見て、お手伝いを進めていきます。まずは、ベッド柵につかまりながら、体を横向きにし、両足をベッドから降ろしながら、上半身を起こしていきます。安全に足を降ろすために、上体を起こすお手伝いをします。

どと、どこに向かっているのかわかるような声かけを繰り返しましょう。

車椅子での移動時は、始めと終わりが大切

車椅子に乗っていると、動き出すときと止まるときは、緊張を伴うものです。そこで、動き出す前には**「〇〇さん、デイルームへ行くので動きますね。ブレーキを外しますよ」**などと声をかけます。そして、了解が得られたら車椅子を動かしますが、このときも動かす前に**「車椅子、後ろに下がります」**などと、車椅子が動く方向を伝えましょう。動かし方も、最初の数メートルはゆっくりと、乗っている人に恐怖を与えないように気を配ります。止まるときも同様に、数メートル前から動きのスピードを緩め、**「〇〇さん、着きましたよ」**と声をかけて、ゆっくりと止まります。特に、車椅子のままテーブルに入るときは、手や指を挟んだり、衝突したりする不安を感じさせるので、声かけとゆっくりとした動作は必須です。

靴を履いてもらいます。車椅子を適切な位置につけます。本人が移乗する車椅子がしっかりと確認できるように視界を遮らないようにします（視野を確保する）。

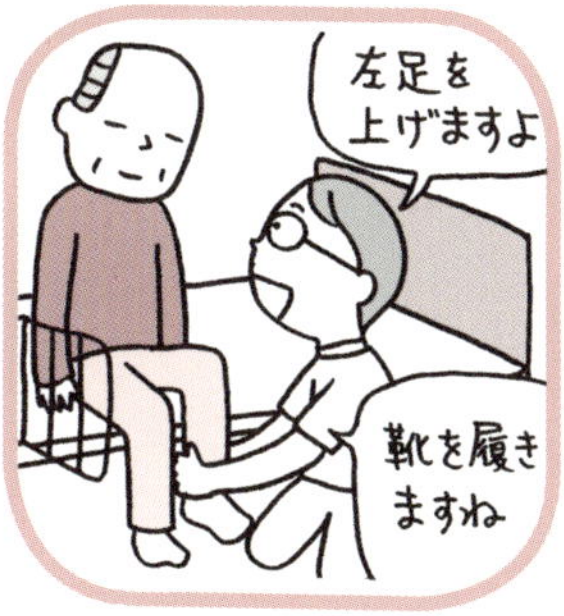

座位になったら、体を安定させるために、足底をしっかり床につけてもらいます。足底が床につかない場合は、お尻の位置を少し前にずらしてもらいます。または、ベッドを下げます。

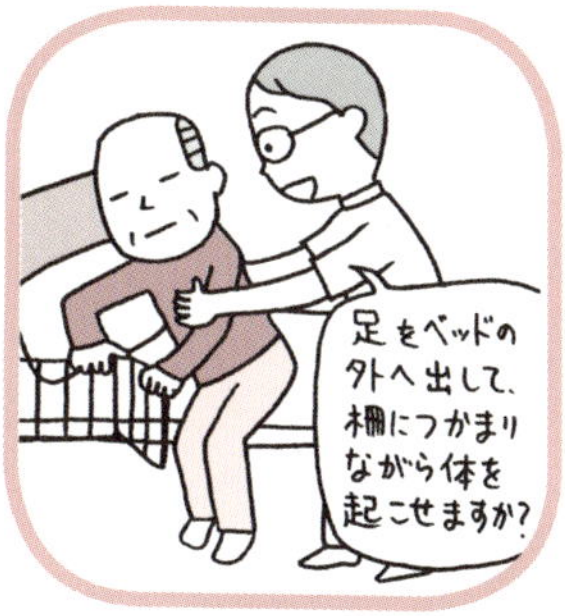

声をかけたら、その人の反応を見る

「行きますよ」「乗りますよ」などと、その人に声をかけても、了解が得られないまま移動してしまっては、声をかける意味がありません。声をかけたあとは、必ずその人の反応を見ましょう。わかりましたという「はい」という返事があったか。ない場合でも、了解したという意思が感じられるうなずきや顔の表情、体の動きがあるか、確認をします。その人の同意が得られてから初めて、移動を開始しましょう。

また、移動の途中でもエレベーターに乗る、どこかに寄り道をするといった、動きが変わる前にはそのことを伝えて、その人の反応を見ます。不安や拒絶を感じたら、一度立ち止まり、その人の気持ちを聞きます。

STEP

移動の時のケアに役立つ3ステップ

移動をするのを拒否したり、移動の途中で怒り出したりなど、移動のことで悩んだときは、3ステップを使って、その理由を探りましょう。

片手でベッド柵をつかみ、もう片方の手で車いすのひじ掛けをつかんでもらい、「1・2・3！」で立ち上がってもらいます。このとき必要に応じて立ち上がるお手伝いをします。体に麻痺がある人の場合は、麻痺がある側の膝が折れないように、ケアをする人は麻痺がある側に立って支えます。

車椅子へ移動してもらいます。車椅子の座席を軽く叩きながら「ここに移りますよ」と言い、意識を車椅子の座面に向けてもらいます。こうすると、動きに迷いがなくなり、スムーズになります。

STEP1 思いを「聞く」

その人が拒否したりするのはなぜなのか、聞いてみましょう。**「嫌ですか?」「今日は行きたくないのですか?」「体が痛いですか?」「つらいところがありますか?」**など、気になることを具体的に聞いてみましょう。反応を待っても返事がない場合は、表情や動作から判断しましょう。

STEP2 情報を「集める」

5つの要素から、以下のような「移動を拒否する」理由を想像することができます。

障害
「移動」ということがわからない（失語）
どう起き上がっていいかわからない（実行機能障害、失行）

健康
足の指の爪が巻き爪になり、歩くと痛い
便秘のため、車椅子での段差の振動でお腹が痛む

生活
エレベーターに閉じ込められた経験があるので、エレベーターに乗るのが怖い

性格
車椅子の動きが速くて怖い

環境
車椅子が体に合わないため、腰が痛い

STEP3 ニーズを「見つける」

理由が想像できたら、それに合うケアの方法を考え、本人に確認をし、話しかけましょう。

車椅子に乗っていて、お尻や腰が痛い場合は、クッションなどを利用しましょう。

車椅子を動かす前に、これからどこに行くのかを伝え、「ブレーキを外しますね」と伝えます。返事があってから、ゆっくりとブレーキを外し、「車椅子、後ろに下がります」と言ってから、動かします。目的地に着くまで、どこに向かっているのかわかるような話し方や、周囲の景色や物事について話題にした会話を楽しみながら進みましょう。

車椅子に座ります。まず「1・2・3で移りますね」と伝えて、心の準備をしてもらいます。次に、「1・2・3！」と声をかけてから、お尻を座面へ誘導します。座り方が不安定なときは「椅子の真ん中に座るために、もう一度お尻を上げて、座り直しましょう」と声をかけます。また、浅く座っているときは、深く腰かけてもらうために「もう少し奥に座りましょうか」と声をかけます。そして、足を台の上にのせてもらいます。

「今日はレクリエーションに参加したくない」と言う

直接参加できなくても、間接的に参加する方法を提案する

お手伝いをしてもらえますか？

上川一子さん（87歳） アルツハイマー型認知症と血管性認知症。変形性膝関節症で痛みが少しある。息子と同居。デイサービスに通い始めて1年。

・・・。
あっ…
先週は参加してくださったのですが… そうですか
一子さん、そうしたら私のお手伝いをしてもらえますか？
お手伝いしてもらえるととても助かります
いいですよ
ありがとうございます
一子さん、ではこのボールを実さんに渡してください
疲れたら言ってくださいね

強制せず、「一緒にやってみませんか?」と誘う

レクリエーションは、参加することで、その人の能力が高まったり、自信を取り戻したり、体力をつけたり、ほかの人との交流の場となったり……ケアをする側の工夫次第ではいろいろな可能性をもっています。そのため、「やらないと、足が弱くなりますよ」「楽しめるから、行きましょう」と誘う言葉が強くなってしまうことはありませんか。人によって好みや能力はさまざまです。また、その日の体調もあります。有意義なレクリエーションであっても、快く参加してもらえなければ、やったことは忘れてしまっても、嫌だったという感情だけが残り、次からは参加したくないという気持ちになってしまうこともあります。

まずは、その日のレクリエーションについて、短い言葉で、簡潔に、その人がわかるように説明をします。そして、**「一緒にやってみませんか?」「〇〇さんも作ってみませんか?」**などと、その人が参加・不参加を選べるような話し方をしましょう。

一子さん、私は山本と
言います。ボウリングを
一緒にやりませんか?

今日のレクリエーションはボウリング。一度、介護士が一子さんを誘ったが、返事がなかったため、今度は作業療法士が声をかけに行きます。まずは、お名前を呼び、自己紹介をし、ボウリングに誘います。

・・・。

一子さんは、あまり機嫌がよくないです。

「葉の色がきれいですね」などと感激したことを伝える

レクリエーションに参加している間は、その人が苦手なことをサポートしながら、能力が発揮できるように見守りましょう。そして、その人が力を発揮できたときは、感想を具体的に伝えます。たとえば、塗り絵や書道のレクリエーションでは、「きれいですね」ではなく**「葉の色がきれいですね」**、「すばらしいですね」ではなく**「字に強さを感じます。とても力強くて立派な字ですね」**と。何がきれいで、何がすばらしいのか、それを具体的な言葉にすることで、その人は理解をすることができ、自信へとつながります。感性は豊かなので、**「素敵ですね」「お似合いですよ」「ご立派です」**など、感性に響く言葉を使って表現してみましょう。

「お手伝い」という参加の方法も提案してみる

もしも、そのレクリエーションに参加したくない様子の場合は、関わりのあるお手伝いをしてもらえないか聞いてみましょう。たとえば、カルタなら**「お手伝**

先週もボウリングをしたのですが、一子さんはうまくできず、ほかの高齢者に怒られてしまいました。それで今日は参加したくないのかもしれません。

「ボウリング」という言葉がわかりにくかったのかもしれないと思い、「軽いボールを投げて立っているピンに当てるゲームです」とわかりやすい言葉でもう一度伝えます。

いをしてもらえますか？　カードを読み上げる係です」とお願いしてみます。お手伝いも嫌だというときは、無理強いせずに**「近くで見ていますか？」「お部屋に戻りますか？」「あちらでお茶を飲みますか？」**など、その人が今、したいことを確認しましょう。

1 2 3 STEP
レクリエーションの時のケアに役立つ3ステップ

レクリエーションになかなか参加することができない場合、どんなことが理由なのか、探るために3ステップを使いましょう。

参加することができない理由は、大きく分けて2種類あります。ひとつは、参加者が参加することができない（したくない）レクリエーションであること。これは、主催者側の問題です。その人の能力と好みに見合ったものを準備することが大事です（子ども扱いしたものはいけません）。もうひとつは、その人の体調、性格など、参加する側の問題が関係しています。

失敗することがないお手伝いをお願いしてみます。ボールを渡す係です。確実にできることをしてもらうことで、自信を回復してもらいたいと思います。一度ボウリングの話をして、それはしないと一子さんは言ったので、次にお手伝いをお願いするときは、「ボウリング」という（一子さんにとっては悪いイメージの）言葉は出しません。

お手伝いの内容を具体的にわかりやすい言葉で伝えます。「疲れたら言ってくださいね」と伝えて、一子さんに寄り添う気持ちを伝えます。

STEP1
思いを「聞く」

なぜ、レクリエーションに参加したくないのか、その人に聞いてみましょう。「お花を飾るのは嫌いですか?」「ボール投げは苦手ですか?」「体調が悪いですか?」「人が大勢いるのは苦手ですか?」など、気になることを質問して、その人から返事があるのをゆっくりと待ってみましょう。

STEP2
情報を「集める」

5つの要素から、以下のような「レクリエーションに参加しない理由」を想像することができます。

障害 参加のしかたがわからない（実行機能障害）
やっていることがわからない（失語）

健康 便秘のためお腹が張っているためやる気が出ない
動脈硬化を予防する薬などの副作用により食欲が減退する場合があり、やる気が出ない
抑うつでやる気が出ない

生活 運動が苦手なので、ボール投げはしたくない

性格 リーダーになりたいのに、リーダーになれない
能力に合わないレクリエーションのため、やりたくてもやれない
子ども扱いしたレクリエーションなので、やる気を失う

環境 暑い・寒い、うるさいなど、やる気を失わせるような環境がある

STEP3
ニーズを「見つける」

理由が想像できたら、それに合うケアの方法を考え、話しかけましょう。

レクリエーションは
とにかく盛り上がればいいのか?

「レクリエーションは元気にやるもの！」というムードを作る施設が多いように思います。しかし、何か原因があって気持ちが落ち込んでいる参加者は、そうしたムードの中、いたたまれなくなり、席を外してしまうこともあります。参加する人たちがどんな状態か確認し、もし気持ちが落ち込んでいる人がいたら、その人の気持ちに沿うような内容から始めて、徐々に気分を変えていく方法で対応してみてはいかがでしょうか。

同朋大学社会福祉学部非常勤講師　**阿部邦彦**

送迎

「今日はデイサービスに行かない」と言う

準備がまだのときは、また迎えに来ることを伝える

ゆっくりと準備をしてください

小野寺美代子さん（85歳）アルツハイマー型認知症。脊柱管狭窄症があるが、現在痛みは落ち着いている。夫と二人暮らし。料理が好きで、昔は友人を招いて食事会をしていたことも。

今日のお昼ご飯はトンカツです。美代子さんお好きでしたよね
またお迎えに来ますね
ピーンポーン
しばらくして…
美代子さん、おはようございます。かえで苑の木村です。お迎えに来ました
はいはい
行こうかね！
今日のお昼ご飯はトンカツです。美代子さんお好きでしたよね
さあ車に乗ってください

迎えに行くときは笑顔で自己紹介&あいさつを言う

デイサービスやショートステイなどの利用時に、ご自宅まで迎えに行ったときは、まずは自分の名前を告げて、あいさつをします。このとき、笑顔を忘れずに、歓迎していることを伝えましょう。そして、車に乗る前、少しお話できそうなときは、**「今日はお習字の時間がありますよ」「○○さんが会えるのを楽しみにしていますよ」**などと、その人にとって行くことが楽しみになるような言葉をかけましょう。

車に乗り込むときは、事故が起こりやすいので、**「ここに足をのせてください」「頭を低くしてぶつからないようにしてください」「車椅子が動きますよ」**などと、その人が動く前の声かけが大変重要です。急に車から降りて戻ろうとするようなこともありますので、声かけだけでなく見守りも同時にして、シートベルトも確認し、安全のための十分な配慮をしましょう。

ドアホンでは、自分の所属と名前を伝え、美代子さんとお会いしたときは、名前を呼び、あいさつをして、もう一度自分の所属と名前を言います。そして、「お迎えに来ました」と伝えます。

送るときは、お礼と次回も楽しみにしていることを伝える

車で送り、家に着いて車から降りたら、**「今日はありがとうございました。疲れましたか？ また明日、お迎えに来ます。今日はゆっくり休んでください」「明日も、〇〇さんの元気な顔を見せてください」**などと、来てくれたお礼と、また次回、来るのを楽しみにしていることを伝えます。

STEP 1 2 3

送迎の時のケアに役立つ3ステップ

迎えに行ったけれど「行かない」と言うとき、また、今まで施設を利用していたのに突然利用するのを拒否したときは、その理由を探るために3ステップを使いましょう。

「今日は行かない」と言う美代子さん。よく見ると、まだ寝間着を着ています。約束した時間に訪問していたとしても、美代子さんの世界では、突然、迎えが来たように感じているはずです。そこで、美代子さんの世界に入り、こちらの落ち度を謝ります。「早く来てしまいました。すみません」。そして、「ゆっくりと準備をしてください」「準備が終わったころに、また迎えに来ます」と伝えて安心してもらいます。

STEP1 思いを「聞く」

その人に、なぜ行きたくないのか、聞いてみましょう。「つまらない」「ほうっておかれる」「嫌なことを言われた」「家にいたい」など、いろいろな理由があるでしょう。もしも、理由を話してもらえないときは、その人を担当したスタッフや家族に様子を聞きます。

施設を利用することができないと、家族が困るケースがあります。しかし、だからといって「ご家族が困っていますよ」「無理しても来てください」といったことを言ってはいけません。その人の思いを大切にし、話を聞かせてもらいましょう。

STEP2 情報を「集める」

5つの要素から、以下のような「施設に行きたくない理由」を想像することができます。

障害 今日迎えに来ることを忘れている（記憶障害）

健康 便秘のためお腹が張ってつらい
口内炎などがつらい
関節などの痛みがあるため、リハビリ目的の場所へ行くのがつらい
抑うつでやる気が出ない

生活 長い間ひとり暮らしであったため、集団での生活に慣れない

性格 リーダーになりたいけれど、リーダーになれない

美代子さんはトンカツが好きで、今日のお昼ご飯はトンカツです。そこで、デイサービスに来るのが楽しみになるように「今日のお昼ご飯はトンカツです」と伝えます。

もう一度、迎えに行きます。最初に迎えに行ったときと同じように、名前を呼び、あいさつをして、自分の所属と名前を言います。迎えに行った人にとっては2度目のことですが、認知症の人にとっては初めてのことに感じているかもしれません。そのため、いつでも「初めて」のように接することが大事です。

環境

新しい人間関係を築くのに時間がかかる
初対面の人とうまく話せない
暑い、寒い、うるさいなど、やる気を失わせるような環境がある
ほうっておかれる
ひとりでいたい
苦手な食事が出て、食べられなかった

STEP3
ニーズを「見つける」

理由が想像できたら、それに合うケアの方法を考え、話しかけましょう。

こんな例があります。楽しくデイサービスに通っていた照子さん。失禁をしてしまった次の日から来なくなりました。介護士の山田さんは照子さんがデイサービスに来る予定の前の日に電話をし続けました。「明日は照子さんの好きなお習字をします。ぜひ来てください」「照子さん、一緒にカラオケをしませんか」などと言って誘い、照子さんと会えるのを楽しみにしていることと自分が迎えに行くことも必ず伝えました。2週間後のある日「あなたが迎えに来るっていうなら、行こうかしら」と照子さん。そこで山田さんは迎えに行き、デイサービスでは失敗を繰り返さないようによく観察をし、タイミングを見てトイレに誘うようにしました。

車に乗り込む前にも「今日のお昼ご飯はトンカツです」と、美代子さんに伝えます。これも、「初めて」のように接することのひとつです。美代子さんは忘れているかもしれないので、繰り返し伝えることで、デイサービスに行きたい気持ちになってくれるでしょう。

緊急入院をして、点滴をしている

病気で入院したことを伝え、点滴が大事であることを繰り返し伝える

大事です。大事、大事・・・

五木田美智子さん（83歳）アルツハイマー型認知症。腰椎間板ヘルニアがあり、足のしびれを感じるときがある。夫と二人暮らし。美容室を経営していた。腸閉塞で急性期病院に入院。

お体の具合どうですか。つらいところはないですか？
今はね、いいですよ
お体の具合をみさせてください。まず、右手で血圧を測ります。腕に血圧計を巻かせてください
バツッ
腕を触りますね
ありがとうございます
巻きますね
ウン
ありがとうございます
膨らみますよ。びっくりしなくても大丈夫ですからね。そばにいますから。シュポシュポ音もしますよ
美智子さんががんばってくれたおかげで測れました。ありがとうございます。血圧計を外しますね
ビリビリ音がしますよ

笑顔であいさつと自己紹介をする

入院した患者は、つらく不安な状態にあります。患者が認知症であれば、ここがどこなのか、なぜ連れてこられたのかわからなくなることも多いため、不安はより大きくなり、混乱を起こしてせん妄（P18参照）を起こすこともあります。

不安を受け止めて、安心へとつながるようなケアをする必要があります。そうしたケアの最初に必ずするべきことが、あいさつと自己紹介です。認知症の人は一度会った人でも忘れてしまうため、会うたびの自己紹介が必要になります。

入院した理由を簡潔に説明する

入院している理由や現状の説明をきちんとしましょう。**「昨日は大変でしたね。入院してきて、つらかったですね」**と、その人のつらい気持ちを受け止めたうえで、**「○○さんは、腸が悪くて入院しました」「足が痛くなって入院しました」**などと、どうして入院してきたのかを簡潔に説明します。そして、**「治療が始まって**

腸閉塞で急性期病院に入院した美智子さん。処置が終わり、病棟の部屋に入りました。看護師は美智子さんを訪ねます。まずは、名前を呼び、あいさつをして、自分の所属と名前を言います。そして、「腸が悪くて入院しました」と現状の説明を簡潔にして、「大変でしたね」と気持ちに寄り添います。治療が始まっていることを伝えて、「安心してください」と話します。このようにあいさつをして現状を告げることで、見当識障害が強い美智子さんの意識の修正につなげます。昨日までの話はあまりしません。忘れていたとしたら、混乱の要因になるからです。

います。安心してください」と伝えます。

認知症の人からは、繰り返し「ここはどこ？」と質問されることがあります。その場合も、**「ここは病院です。○○さんは腸が悪くて入院しました。治療が始まっています。安心してください」**と繰り返し、ていねいに笑顔で答えましょう。

処置をするときは「感謝」を繰り返す

体温や血圧を測る、ガーゼを取り換えるなどの処置をするとき、看護師は業務であるからと、ときには強制的に行う様子が見られます。「医師が言っていますから」とおどしてしまうことも。これらは、認知症の人を不安にさせ、ストレスを溜めさせて、いわゆるBPSD（P19参照）を誘発させる原因となります。

患者に協力してもらわなければ、処置や治療は難しくなります。そこで、処置をするときは、協力してもらったことへの感謝の言葉を繰り返しましょう。

処置のために腕を出してくれたら**「ありがとうございます」**、口を開けてくれたら**「ありがとうござい**

点滴の説明をします。説明がないと、「これはなんだろう」と思い、外してしまうことがあるからです。まずは、看護師が点滴の部分をなでながら、「これ、大事にしてくださいね。大事です。大事……」と、この点滴が大事であることを繰り返し伝えます。すると、美智子さんは「ほう、大事かね」と言います（多くの場合、メッセージが伝わると、看護師が連呼しているキーワードを患者が言ってくれます）。伝わったことが確認できたので、美智子さんにも点滴の部分を触ってもらいます。

ます」、薬を飲んでくれたら**「ありがとうございます」**。ひとつの処置に対して、ひとつずつ感謝の言葉を伝えます。そして、つらそうな様子や言葉が出たら、**「痛いんですね」「つらいですね」**と、その言葉を繰り返し、ときには手を握ったり、肩に触れたりしながら、その人の気持ちを受け止めます。

点滴などの治療に対して激しく抵抗するのは、治療が攻撃や暴力のように感じているからかもしれません。

STEP 病院でのケアに役立つ3ステップ

処置をさせてもらえなかったり、不穏な行動が見られたりするときは、その理由を探るために3ステップを使いましょう。

STEP1 思いを「聞く」

「知らないところに連れてこられて、知らない人と生活をしている。体が思い通りに動かせなくてつらい……」というような状況が続いているのかもしれません。今のその人の気持ちを繰り返し聞きましょう。もしも話せない状態であるなら、近くにいて、手を握ったりしているだけでも

血圧を測ります。まずは、「お体の具合をみさせてください」と言います。そして、「右手で血圧を測ります」と、どちらの手で血圧を測るか、伝えます。ここからは、動作ひとつひとつを説明していきます。そして、その動作に協力してくれたら、その都度「ありがとうございます」と、お礼を言います。このように、処置の間、「ひとつひとつの動作の説明」と「協力に対してお礼」を繰り返す、ていねいな関わりが、患者に安心感を与え、信頼関係を築く一歩となっていきます。

いいでしょう。不安な気持ちを受け止めて、何を訴えたいのか、表情や動作から読み取るなど、心の声を聞くように努めます。

STEP2 情報を「集める」

5つの要素から、以下のような「処置の拒否や不穏な行動の理由」を想像することができます。

障害
今、どうしてここにいるのかわからない（記憶障害）
ここがどこかわからない
腕から出ている管のことがわからない（抜く）
トイレの場所がわからない（見当識障害）
ナースコールの押し方がわからない（失行、記憶障害）

健康
手術した場所が痛い
もともとある床ずれが痛い

生活
トイレのある部屋に住んでいたので、間違って病室で失禁してしまう

性格
迷惑をかけてはいけないと思い、オムツが汚れても訴えない

環境
暑い・寒い、うるさいなど

STEP3 ニーズを「見つける」

理由が想像できたら、それに合うケアの方法を考え、話しかけましょう。

膨らんだり、音がしたりと患者が驚きそうなことがあるときは、必ず先に説明しておきます。血圧計の場合は、膨らましている途中で、患者が加圧に驚くことがあります。その場合は、「大丈夫です。そばにいますから」と片方の手で血圧測定中の手を握ると安心します。
測定後、お礼を言います。血圧計を外すときは、ビリビリ大きな音が不快感を募らせる可能性があるので、「血圧計を外しますね。ビリビリ音がします」と言ってから外します。
終了後は、血圧の数値を伝えます。そして、「ありがとうございました」と、協力してくれたおかげで処置が終わったことに対してお礼を言います。

体位交換をする

本人の意識を、体の向きを変える方向に向ける

ここを見てください。こっちに向きますよ

S
キヨさん、体痛いですか？少しマッサージしてから、体を動かしますね。

キヨさん
■顔をしかめる

S
つらいですね。でも、動かさないと、体が硬くなって、もっと痛くなってしまうから、少し運動をしませんか？

キヨさん
うん、やってみようかね。

S
ありがとうございます。手の運動をしますね。手首を持ちますよ。
●キヨさんの手首を取り、ゆっくりと回す
ひじを動かしますね。
●キヨさんのひじを持ってゆっくりと曲げる
肩を回しますね。

FROM STAFF

関節が少し硬くなっているキヨさん。体位交換のときは痛みを伴います。そこで、「少しマッサージしてから、体を動かしますね」と、まずは関節を少し動かして、やわらげたいことを伝えます。そして、動かさないと体が硬くなって、もっと痛くなってしまうということを伝え、理解してもらいます。「やってみようかね」と返事をもらったら、つらいのにやってみるというキヨさんの言葉に対してお礼を言います。そして関節を動かす前に、動かす場所やどこを持つのかなどを必ず言います。ひと通り終わったら、体の向きを変えます。体を向ける方向を伝えて、キヨさんの意識を動くほうへ向けてもらいます。最後にお礼を言って終わります。

神部キヨさん（82歳）血管性認知症。右半身に麻痺がある。家ではほとんど一日中寝たきりの生活。肺炎により緊急入院。

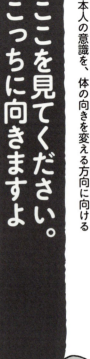

●キヨさんの腕を持って肩をゆっくりと回す。足も同様に、声をかけながら、ゆっくりと関節を動かす

今から体の向きを変えますね。

はい。

●体を向けるほうに立つ

ここを見てください。こっちに向きますよ。

はい。

●ゆっくりと体を反対の方へ向ける

ありがとうございます。痛かったのに、がんばりましたね。

ありがとう。

POINT

筋肉が硬くなっている（拘縮）人は、体位交換をするときに痛みが伴うため、とてもつらいものです。そこで、少しでも痛みがやわらぐように、先に関節を動かす運動をしましょう。手首、ひじ、肩の関節を、順番にゆっくりと回します。このとき、触るだけで痛みを感じることもあるので、「手首を持ちますよ」などと、これからどのようなことをするのか、必ず事前に伝えて、心の準備をしてもらいます。そしてひとつずつ、その人が伝えた言葉を理解していることを、目線や耳で確認してから、行動するようにします。途中で痛いと訴えたときは、すぐに中止をして謝ります。ひと通り、関節の運動が終わったら、体の向きを変えます。このとき、体を向けるほうに立って、「ここを見てください。こっちに向きますよ」と伝えて、これから体が向く方向にその人の意識を向けてもらいます。すると、向く方向へとその人の力が出るので、スムーズに動かすことができます。

最後に感謝の言葉も忘れずに。

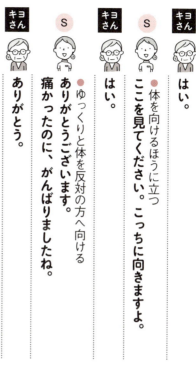

column

「うそをつかない」ことと「その人のためのうそ」

認知症の人をケアするときに、うそをつかないことを大事にしたいと考えています。私たちが都合よくケアするためのその場限りのうそはよくありません。

しかし、いつも真実を語ることがその人のためになるとは限りません。

たとえば、母が父の介護疲れで倒れて入院した日に、父が転んで足を骨折したとします。母は父の様子が気になっているので「どうしているかしら。私がいなくて大丈夫かしら」と聞いてきます。しかし、父の骨折を伝えれば、母は心身を休めることはできないと娘は考えます。せめて数日はそのことを隠しておきたいと思い、「お父さんは私たちが見ているから大丈夫」と伝えました。

このように、その人のためを思い、事実を伝えないことはあるでしょう。そして、それがうそにならないように配慮することは大事ですが、どうしてもうそをつかなくてはいけないときもあります。だからこそ、どんなときも、うそをつくことになったら、それは、本当にその人のためなのか、考えることが大事ではないでしょうか。そのためにも、BPSDはケアをする人がついたうそがきっかけで起こることがあることも忘れないようにしましょう。

浜松医科大学臨床看護学講座　鈴木みずえ

BPSDと呼ばれる認知症の人の行動や心理的な反応が現れるプロセス

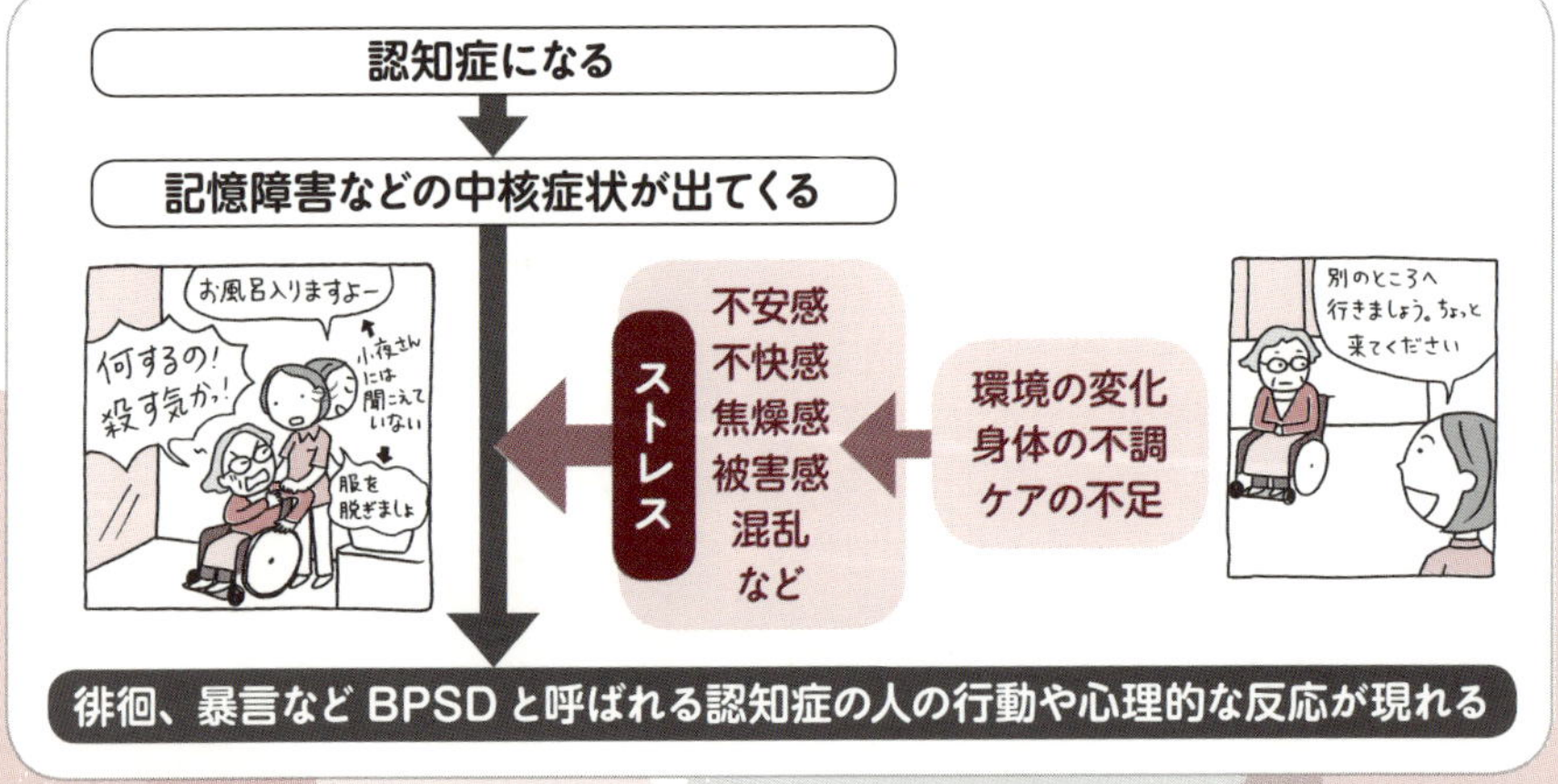

4章

いざというときに役立つ

認知症の人のケアで悩んだときの聞き方・話し方

ケアをする側が理解できない行動を認知症の人がするとき、どのようにケアをするべきか、悩むことはありませんか？

ここでは、よくある認知症の人の行動や状況がなぜ起こるのか、理由を考え、その人がよい状態になるための聞き方・話し方を考えていきます。

基本となるのは3ステップです。

想像力を働かせ、心のこもった言葉と態度でケアを進めていきましょう。

この章では、3ステップ（P43～56参照）を使い、ケア案を考え、実践した事例を掲載しています。
解説では、そのケアが何の心理的ニーズを満たすケアなのかわかるように花びらをつけています。

「帰りたい」と言う

なぜかを考える

輝いていたころの生活に戻りたいといった思いも

帰りたいと訴える、その背景には大きく分けて、以下の3種類があると考えられています。

ひとつ目は、以前の生活に戻ることへの欲求（指向型）です。最近まで住んでいた家に帰りたいという思いや、輝いていたころの自分の居場所があった生活へ戻りたいという思いです。

ふたつ目は、誰かにそばにいてほしいという強い欲求（依存型）です。寂しさや不安があるため、誰かに近くにいてほしいという思いです。

3つ目は、周囲の状況への認識が低下し混乱状態にある（混乱型）ことです。急な入院や高齢者施設へ入居したばかりのころには、このような混乱状態が起きやすくなります。

どの場合でも不安や寂しさを抱えています。

聞き方・話し方を工夫する

その人の話をよく聞き安心してもらえるよう努める

入院してすぐに帰宅要求が出るときは、混乱状態にあることが多いようです。その場合は、**「ここは病院です。○○さんは胃が悪くて昨日入院されたのです。つらかったですね。でももう処置が終わったので大丈夫です」**と、場所や今の状態を繰り返し伝えましょう（P138参照）。

以前の生活に戻りたい思いから帰宅要求が出ているときは、今いる場所に居場所がないと感じていることが考えられます。その場合は、**「何か心配事ですか？」**などと話しかけ、その人の思いをよく聞いて信頼関係を築き、今の場所で安心して生活できるようにケアの方法を考えていきましょう。そばにいてほしい思いからの帰宅要求の場合も、同じような対応をしましょう。

参考資料／日本認知症学会誌　Dementia Japan Vol.30 No.4『高齢入院患者に見られる帰宅要求の類似化と対応ー認知症サポートチームの経験から』服部英幸、藤崎あかり、高道香織、水野伸枝、佐々木千佳子、高見雅代、植田郁恵、鷹見幸彦　国立研究開発法人長寿医療研究センター

夕方になると「帰ろうかな」と言う

気持ちを聞くために、1対1で話す時間をつくる

「何か心配事ですか？」

本村ハルさん（93歳）アルツハイマー型認知症。嫁姑問題で嫁に厳しかったことから、女性職員に対しても厳しい態度で接する。なんでも自分でできると思っていて、年齢も60歳くらいだと思っている。グループホームに入居して1年。

STEP 1→2→3

「帰りたい」という人へのケアに役立つ3ステップ

STEP1 思いを「聞く」

「帰りたい」というのは、ここにはいたくないということでもあります。どうしてここにいたくないのでしょうか。その思いを聞いてみましょう。寄り添い、ときには背中や手をさすりながら、「聞かせていただきます」という気持ちで耳を傾けていると、信頼感が生まれてくるでしょう。

STEP2 情報を「集める」

5つの要素から、以下のような「帰りたい理由」を想像することができます。どうして帰りたいのか、その理由はひとつとは限りません。

障害 入院などにより、今まで住んでいた場所とは違うところに来たため、ここがどこなのかわからなくなっている（記憶障害、見当識障害）

健康 視力、聴力が低下しているため、今、自分がいる場所がよくわからない。まわりの人の様子がわからず、何かされるのではないかと思っている。
自分のことを悪く言っていると思っている

生活 施設に入る前は、夫と一緒に暮らしていたので、
帰ってご飯を作らないといけないと思っている

性格 人を信用するのに時間がかかるため、疑いをもってしまう

夕方になると「帰ろうかな」と言うハルさん。帰ろうとしているところを「待って」と声をかけて止めるようなことはしません。スタッフがついていくと煙たがられるケースもあるので、その場合は今回のように誰かが待ち構えていて、お話をしましょう。

くつろぎ

「何か心配事ですか？」「何かご用事がありますか？」と声をかけます。帰りたい理由を聞いて気持ちに寄り添いながら、好きな息子さんの話などをしていると、不安が薄れていくのか、帰りたいという気持ちがおさまるようです。

愛着・結びつき

環境

疎外感や孤独感をもっている
入院したり高齢者施設へ入居したりして間もないため、不安がある

STEP3 ニーズを「見つける」

理由が想像できたら、それに合うケアの方法を考え、話しかけましょう。

どの理由の場合も、大切にしたいのは、その人が疎外感や孤独感をもつことがないように、聞く・話す・触れることで、安心感をもってもらえるようなケアをすることです。

自宅にいても「家に帰りたい」と言う人がいます。その場合は、今いる場所（自宅）に自分の居場所がなかったり、寂しい思いをしているのかもしれません。

「どこに帰りたいのですか？」と聞いてみましょう。もしかしたら、昔、自分が輝いていたころに住んでいた、居心地のよい家に帰りたいと思っているのかもしれません。

話を聞き、その人の思いを受け止めて、今いる場所がその人にとって居心地のよい場所になるようなケアを考えていきましょう。

お話をすることで、気持ちが落ち着いてきたら、お茶に誘います。ハルさんの場合は、お話をしているうちに、笑顔になり、気分が変わってきました。

愛着・結びつき

ハルさんへのケア案

女性のスタッフが対応するとかえって帰りたいと強く言うようになることもあるので、男性スタッフが対応。なんでも自分でできると思っているので「ひとりで帰るのは危ないですよ」と言うと「何が危ないんだ！　家ぐらい帰れるわ」と怒ってしまうかもしれないので、声かけには気をつけます。寂しさや不安からの行動ではないかと思うので、寄り添う時間を多くとるようにします。

会社での思い出について質問をしてみる

会社ではどんなお仕事をされていたのですか

克巳さん
■朝から機嫌が悪い
緑町に行く！
■たびたび、大きな声で言う
まわりにいる人に緊張が走る

S
克巳さん、なぜ緑町に行きたいのですか？

克巳さん
会社があるんだ。

S
そうですか。会社ではどんなお仕事をされていたのですか。

克巳さん
織物の会社だ。
■克巳さんとふたりで話をしていると、奥様と娘さんが面会に来た

S
こんにちは。克巳さんは緑町に行くと、今日は繰り返し言っています。

克巳さんの妻
お父さん、緑町に行って何するの？

克巳さん
仕事だ！

FROM STAFF

不機嫌な様子で「緑町に行く」と言う克巳さん。静かな場所に移動してゆっくりとお話をしたり、ときには散歩に行ったりすると穏やかになるのですが、それでも一日に何回か繰り返し「緑町に行く」と言います。機嫌も大変悪くなるため、悩んでいました。実際に緑町まで一緒に行くことも考えたのですが、そのときは業務的に難しい状況でした。そこで、ご家族が面会にいらしたときに思いきって相談をしてみたところ、車で連れて行ってくださいました。施設に戻ってきたときの克巳さんは笑顔で、その後、「緑町に行く」と言うこともなくなりました。一度訪れたことで気持ちが落ち着いたようです。ご家族の協力を得ることができてよかったです。また、今いる施設が克巳さんにとって安心できる居場所になるように、スタッフ一同、もっと関わりをもつようにしたいと思います。

近藤克巳さん（85歳）アルツハイマー型認知症。下肢筋力が低下。軽度右半身麻痺がある。働き盛りのころ、緑町の織物会社で重役をしていた。リハビリを目的に老人保健施設に入居して約1ヶ月。だんだんと施設に慣れてきた様子。

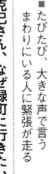

克巳さんの妻　**もうだいぶ前に会社はなくなってしまったのよ。行ってもしようがないでしょ？**

克巳さん　**何、言ってるんだ！**

S　■克巳さんの奥様へ話をする
お仕事のことを誇りに思っておられるのですね。過去には戻れませんが、懐かしい場所や街並みを見るだけでも穏やかな気持ちになる方もいます。一緒に緑町へ外出されてみるというのもいいかもしれません。

克巳さんの妻　■しばらく考え、娘さんとも相談
ほんなら、お父さん、行ってみるかね？

克巳さん　**おう！　連れてけ。**
■奥様、娘さんと3人で緑町まで行く
そして、施設に戻る

S　**克巳さん、お帰りなさい。**

克巳さん　（車から降りてくる。職員に向かって笑顔で）
おう、ありがとな。

克巳さんの妻　**車内では、食い入るように景色を見て、ここは懐かしいな、と言っていました。その場所に行きたかったのでしょうね。**

POINT

克巳さんは施設に入所して約１ヶ月。施設での生活によるストレスが溜まり、以前の生活に戻ることへの欲求が膨らみ、会社があった場所に行きたいという訴えになったのかもしれません。また、克巳さんにとっては仕事が生活の一部で、心の拠り所であったことから、仕事のことが心配になったのかもしれません。
昔、輝いていた時代に生活していた場所へ行くことは、自分が歩んできた人生を振り返る機会となり、自信を取り戻すきっかけにもなります。また、このように、昔のことを思い出すこと（回想）は心を安定させると言われています。
しかし、実際にはその場所に一緒に行くことができないこともあります。その場合は、その人の話をよく聞いて、会社へ行きたいと言う人には「どんなお仕事をされていたのですか？」、家に帰りたいと言う人には「お家には長く住んでいたのですか？」などと、会社や家での生活を思い出すきっかけとなる話し方をしましょう。興味をもってその人の話を聞いているうちに、自分は安心できる人間であるということがわかってもらえ、信頼関係も生まれてくるでしょう。

攻撃的な言動をする

なぜかを考える

認知症の人への理解のない言動に対して攻撃的になる

認知症になると、生活上でわからない、理解できないことが増え、さまざまなことに支障をきたすようになります。それにより不安になったりイライラしたりする機会が増えます。また、わからないことで何度も失敗します。そのたびに他人から馬鹿にされたり、何もわからない人と見られたりするのは何よりもつらいことです。

そのようなつらいという気持ちや、痛い、うるさいといった不快なことを伝えることも苦手です。我慢を強いられ、ストレスが溜まります。

こうした心と体の苦痛に気づかず、ケアする側が配慮のない行動や声かけをしてしまうと、その人のストレスが限界を超え、抑えきれず攻撃的な言動を起こしてしまうことがあります。

聞き方・話し方を工夫する

「すみませんでした」とお詫びをし、その人の話をよく聞く

認知症の人が攻撃的になっているときは、とてもつらい気持ちでいます。まずは、そんな気持ちにさせてしまったことに対して**「すみません」**と言ってお詫びします。もしも何かしているとき（たとえば血圧測定、入浴など）であれば、それを一度止めて、その人の話をよく聞きます。そして、なぜ、その人が攻撃的になったのか原因を考えましょう（3ステップを使う）。

できることなら、その人が落ち着いてきたら**「静かな場所に行きませんか」**と誘って移動し、じっくりと話を聞きます。ときには背中や手に触れて、自分は安心できる人間だということを伝えましょう。どんな苦痛があるのか、話をしてくれるかもしれません。

「うるさい人をなんとかしないのは、どういうこと？」と怒って言う

気持ちが落ち着くまで、その人の話をじっくり聞き、受け止める

「大変な経験をされてきたのですね」

津田京子さん（91歳）アルツハイマー型認知症。脳梗塞の後遺症により左片麻痺がある。プライドが高い。激しい被害妄想があるという理由で施設を移り、現在、小規模多機能型居宅介護を利用。この日は病院のデイケアへ来ている。

攻撃的な言動をする人へのケアに役立つ3ステップ

STEP

STEP1 思いを「聞く」

攻撃的になるには理由があります。今の気持ちを聞いてみましょう。他の人がいたり音がしたりすると集中できず、話ができない場合があるため、静かな場所で1対1でじっくりと話をします。また、自分が関与したことで攻撃的になってしまった場合は、怒らせてしまったことに対して「すみませんでした」と謝りましょう。そして、自分の言動を振り返ってみるようにします。

STEP2 情報を「集める」

攻撃的になる大きな原因として、その人の心と体の苦痛が考えられます。5つの要素から、以下のような「攻撃的になる理由」を想像することができます。

障害

わからないことが増えて、不安やイライラを抱えている（記憶障害、見当識障害、失行など）

伝えたいことがうまく伝えられなくてイライラしている（失語）

健康

視力が低下し、目の前のものがよく見えなくてイライラしている

聴力が低下し、誰かが自分のことをバカにしていると思い込んでいる

よく観察していると、京子さんは、隣の人の食事を摂るスピードが早く、片付けるのが早いことに対して怒っています。「食事は１時間くらいかけて行うものだ」と言うときもあります。

くつろぎ

このままではいけないと思い、スタッフが京子さんの近くに行きます。すると、今度は近くで歌を歌っている人のことを「うるさい」「食事のあとは静かにするものです」と言っています。スタッフは、文子さんが嫌な気持ちになったことに対して「すみません」と謝ります。

愛着・結びつき

痛い、かゆいというような身体的苦痛がある

入れ歯が合わず、食事のときに苦痛を伴う

生活

昔から大切にされていないという思いがあるため、不安がある。信頼関係を築くのが難しい

性格

人を信用するのに時間がかかる

内向的で自分を表現することが苦手

環境

疎外感や孤独感をもっている

入院したり高齢者施設へ入居したりして間もないため、不安がある

STEP3 ニーズを「見つける」

理由が想像できたら、それに合うケアの方法を考え、話しかけましょう。

どのような場合も、大切にしたいのは、その人を理解して信頼関係を築くことです。

痛み、かゆみなど身体的な苦痛がある場合は、できるだけ早くそれを取り除くようにしましょう。必要があれば医師に相談します。

視力や聴力の低下が原因となっているときは、メガネや補聴器の調整を早めにしましょう。入れ歯の不具合も気がついたら早めに調整します。

心が満たされていないことが原因のことも多くあります。その場合は、その人の話を聞いて、できるだけ一緒にいる時間をもつようにします。

気持ちを落ち着けてもらうために、静かな場所へ一緒に行きます。

くつろぎ

京子さんの思いを聞きます。京子さんの言葉を復唱したりしながら、しっかりと受け止めます。

愛着・結びつき

京子さんへのケア案

自分がいろいろなことを訴えても、まわりの人が聞かないことに対して腹立たしく思っている京子さん。「デイケアに来るのが楽しみ」と言っていると娘さんから聞いているので、もしかしたら暮らしている施設で寂しい思いをしているのかもしれません。京子さんと接する時間をできるだけもち、話をよく聞くのと同時に、環境にも配慮して、できるだけ不快な気持ちにさせないよう気をつけます。

「家に帰って車を運転する」と激しく言う

1対1で話をして理由を聞いてみる

一緒におうちへ帰ってみましょう

茂さん **帰る。帰って車を運転する。**

S **茂さん、おうちまで遠いですし、今日は無理です。**

茂さん **いいから、俺がひとりで帰るから。**

S **ひとりでは危ないですし、息子さんに連絡してから連れて帰ってもらいましょう。**

茂さん **息子は仕事でそんなことはできん。もういい！　タクシー呼べ！**

■歩行器を使って歩き、外に出ようとする
スタッフが静止すると大きな声で怒鳴り、拳を振り上げる
スタッフが説得すればするほど感情が高ぶる
声を荒らげ、拳を振り上げる
そして、歩行器を置いたまま、外を歩き始める

S **昨日、雨が降ったから、まだ道路が濡れていますね。**

●会話をしながら、茂さんについて歩く

車が気になりますか？

FROM STAFF

たびたび「家に帰る」と言っていた茂さん。そのたびに説得していたら、拳を振り上げるようになりました。今回、話をしているときに、「長く運転していないから、バッテリーが上がっているかもしれない……」と、茂さんが車のことを心配している思いを伝えてくれました。自宅には誰も住んでいないことと、もう免許がないのに車を運転したいと言われたら困るので、家へ行くことを躊躇していたのですが、茂さんの思いを聞いたらなんとかしたいと思いました。車の様子を見てホッとしたのか、それ以降は家に帰ると言うこともなく、暴言・暴力もなくなりました。

黒田茂さん（79歳）　アルツハイマー型認知症。高血圧症、前立腺肥大。出血性胃潰瘍のため入院後、リハビリ目的で老人保健施設に入居。施設生活は初めて。入院前は軽トラックで午前と午後に各1回運転をする習慣あり。

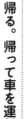

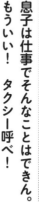

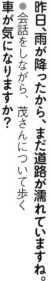

茂さん **長く運転していないから、バッテリーが上がっているかもしれない……。**

■歩き疲れて道端のブロックに座る

S **疲れましたね。車の迎えが来たので、お部屋に帰りましょうか。**

茂さん **乗らない！ 帰って車の運転をしないといけない。家まで乗せていってくれるなら乗るよ。**

●スタッフと相談をしたあと、息子さんに連絡をして、家に帰ることの了解を得る

S **茂さん、わかりました。一緒におうちへ帰ってみましょう。車に乗ってください。**

茂さん **そうか。**

■施設の車に乗る
自宅に着くと、車を降りて真っ先にご自分の車（軽トラック）に向かう。車の様子を確認する。ポストや洗濯場などあちこちを探されるも家の鍵が見当たらない

茂さん **鍵がないな。若いもんがなんとかしとるわ。車も大丈夫そうだし帰ろう。**

S **息子さんがきちんと管理されていますので大丈夫ですね。よかったですね。安心しましたね。**

茂さん **おう。**

POINT

大きな声で怒鳴り、拳を振り上げるには、理由があります。茂さんの場合は、自分の思いを受け止めてもらえなかったことが理由かもしれません。今回、スタッフが茂さんの思いを聞き、受け止めて、その思いに応えることができたので、茂さんは安心したのではないでしょうか。

「ダメです」「無理です」「できません」などと、自分が言ったことに対して否定的なことを言われると、どんな思いをするでしょうか。悲しくなったり、やる気をなくしたり、怒ったり……マイナスな感情が出てくるでしょう。特に、認知症の人は不安を抱えているため、このようなマイナスな感情が出てくると、不安も膨らみ、ストレスが倍増してしまいます。暴言を吐いたり、暴力的になったりするときは、そうした「ストレスが溜ったとき」です。否定的なことを言うのではなく、まずは今のその人の気持ちをしっかりと聞くことから始めましょう。「車が気になるのですか？」というように、気持ちを聞かせてくださいという思いで質問をしてみます。その人の心の声に耳を傾けることがとても大切です。

column

専門医からのメッセージ

指摘や注意、叱咤激励の言葉は控える

一般社団法人　三豊市立西香川病院　院長　大塚智丈

「認知症になったら、ささいなことで怒るようになった」という人は多くいます。もともと、穏やかである人がそうなることも、決してまれではありません。また、失敗を認めなくなります。以前なら笑い飛ばしたり、素直に誤りを認めたりしていたのに、なぜそれができなくなるのか。原因は認知障害だけでしょうか。それを知るために、たとえば、記憶障害が目立つことが特徴であるアルツハイマー型認知症の人の多くが体験をしているであろうことを、想像してみましょう。

複数のアルツハイマー型認知症の患者さんの話から、その経験の経過を想像したものが下記のとおりです。これらの経験を繰り返しているうちに、物忘れに対する不安や恐れが増強していき、ついにはこの状況を受け入れる限界を超えてしまいます。そのため、小さいことを指摘されただけで「自分が否定された」というように感じます。そして誤りを認めにくくなります。自信と余裕がなくなっているわけです。

- **こんなことは忘れるはずがないのに、忘れるようになる**
- **簡単にできていたはずなのに、うまくできないということが起こるようになる**

⇦

- **戸惑いや不安を感じる**

⇦

- **なんとかこれまで通りにしようとする。しかし、以前よりも力を尽くさないとできなくなる**

⇦

- **とても疲れる**
- **自分自身への情けなさ、歯がゆさ、いらだちをだんだん強く感じるようになる**
- **こんな自分を知られたくないと思う**

そのことに気がつかず、指摘や注意を繰り返したり、叱咤激励したりしていると、それがささいなことであっても「自分を否定されたように感じて」怒ってしまうのでしょう。

よく考えてみると、認知症でない人でも、自信と余裕がないときに言われたちょっとしたことで、怒りが爆発することはあります。つまりは、ごく自然な人間的な感情や思いであるわけです。決して特別なことではありません。

違いがあるとしたら、認知症でない人は、自分の力で自信や余裕を取り戻すことができますが、認知症の人にとって、それは難しいことである、ということです。だからこそ、まわりの人が認知症の人のことを十分に理解し、自信や余裕を取り戻してもらうにはどうしたらよいのか、考え、支援していくことがとても大切になります。

・なんとなく、まわりの自分を見る目が違うように感じる
・バカにされていないかと心配になる

←

・まわりに悟られないようにしようと緊張しながら、懸命に取り繕おうとしてがんばる
・大変疲れる
・それでも失敗が増える

←

・簡単なことを忘れたり、失敗したりするだけでも動揺する

←

・まわりの人から、指摘、注意されるようになる

←

・もっと動揺し、混乱する

物を盗られたと思う

なぜかを考える

自分で置いた場所だけでなく置いたことを忘れ、妄想を抱く

誰かが自分の物を盗んだと思ってしまうことは、認知症の初期によく見られるといわれています。大切なものを自分でしまい込んだとき、「どこにしまったかな?」と場所を忘れてしまい、慌ててしまうことはありませんか。記憶障害があると、場所だけでなく、しまい込んだこと自体も忘れてしまうため、突然、目の前からなくなったと思い、大きな不安を抱えます。そして「誰かが盗んだのでは……」と妄想を膨らましてしまうことが時として起こります。

ほかにも、たとえば家族が「預かりますね」と言って持っていったことを忘れ、その物がないから「誰かが盗んだのでは……」と思い込むこともあります。

聞き方・話し方を工夫する

盗まれたと思う気持ちを受け入れて「困りましたね」と話しかける

「盗られるはずはないわよ」「しまい込んだのを忘れたんじゃない」などと、その人の言葉を否定するような話し方は避けます。理解してもらえないと思い、孤独感が強くなるだけです。

まずは、その人の今の気持ちをよく聞いたうえで、その人が盗られたと思っている、今の気持ちを受け入れて、**「それは大変ですね」「困りましたね」**などと気持ちを理解していることが伝わる話しかけ方をします。そして、**「一緒に捜しませんか?」**と言って、その人がしてほしいことをするようにします。捜していて見つけたら「見つかりました」と言ってはいけません。「やっぱりあなたが犯人」と思われてしまいます。自分で見つけられるような声のかけ方をします。

「あなた盗んだんじゃないの？」と言う

一緒に捜して、見つけてもらう

「あっちのほうを捜してみませんか？」

川島和子さん（73歳）アルツハイマー型認知症。ユニット型老人施設に入居して1ヶ月。長男の妻は「義母は気が強くて、昔はよくけんかをした」という。

STEP 物を盗られたと思う人へのケアに役立つ3ステップ

STEP1 思いを「聞く」

「物を盗まれた」と思っているとしたら、その人はとてもつらく悲しい思いを抱いているはずです。今の気持ちをよく聞いて、その人の立場になって考えてみましょう。

もしも自分が盗んだ犯人だと言われたら、すぐに「違います」と否定するのではなく、**「私が盗んだと思うのですね」**とその人の言葉を繰り返して、受け止めたことを伝えます。そのうえで**「私は持っていません。一緒に捜しませんか？」**と話しかけましょう。

STEP2 情報を「集める」

物を盗られたと思う、その背景となる因子は人によって変わりますが、視力や聴力の低下、疎外感や孤独感、お金で苦労した経験などがあるといわれています。

5つの要素から、以下のような「物を盗られたと思う理由」を想像することができます。

障害

（記憶障害）

自分がしまったことや、誰かが自分のところから持っていってしまったことを忘れてしまっている

入院など今まで住んでいた場所とは違うところ

「宝石がない」と気づいたときの和子さんの気持ちを考えてみます。突然、目の前から大切なものがなくなったのですから、ショックと驚きと不安でいっぱいではないでしょうか。

愛着・結びつき

盗んだと疑われがちなのは、その人の介護をしている時間が長い人（高齢者施設での職員や家族）です。その人に対して、特別な感情をもっていて、もっと気にかけてほしい、話をしてほしいという気持ちがあるかもしれません。また、その人の心にある不安や疎外感がきっかけで、盗んだと思い込むことがあります。話をじっくりと聞くことが大事です。

その人が困っていることを助けるために「一緒に捜しませんか？」と伝えます。

共にあること

に来たことにより、ここがどこなのかわからなくなり、物のある場所もわからなくなっている（見当識障害）

健康 視力が低下し、物を捜すことが難しい
聴力が低下し、誰かが自分のものを隠したと話していると誤解している

生活 お金で苦労した経験があるため、貴重品が少しの時間でも見えないと不安になる

性格 人を信用するのに時間がかかるため、疑いをもってしまう

環境 疎外感や孤独感をもっているため、人を信用することができない

STEP3 ニーズを「見つける」

理由が想像できたら、それに合うケアの方法を考え、話しかけましょう。

視力や聴力の低下が理由のひとつなら、病院で検査を受けたり、メガネや補聴器が今のその人に合っているかを確認したりしましょう。

どの理由の場合も、その人が疎外感や孤独感をもつことがないように、聞く・話す・触れることで安心感をもってもらえるようなケアをしましょう。

先に見つけたら、宝石がある場所のほうを手で示して「あっちのほうを捜してみませんか？」と話しかけます。和子さんに見つけてもらうためです。

愛着・結びつき

見つかってうれしい気持ちを共有します。

愛着・結びつき

和子さんへのケア案

施設に入居してまだ1ヶ月のため、スタッフとの信頼関係がまだ築き上げられていないのかもしれません。ここが和子さんにとって安心できる居場所になるように、思いを聞いて話をする時間をできるだけ多くもつようにします。

物を集める

なぜかを考える

大事なものを集める その裏には不安や寂しさがある場合も

物を集める行動が認知症の人に起こることがあります。理由を知るのは難しいことですが、ペーパー類を集める人が多いのは、もしかしたら物がない時代を過ごしてきた高齢者にとっては、とても大切なものであり、ないと困るので手もとにたくさん置いておきたいのかもしれません（認知症の人は昔の時代に今、自分がいると感じていることもあります）。ほかにも、その物に対して深い思いがある、もともと集めるのが好き、ということもあるでしょう。また、寂しい思いや不安を抱いていることがきっかけとなっていることも考えられます。物を手もとにたくさん置いておくことで、安心感を得ることができ、心が落ち着くのかもしれません。

聞き方・話し方を工夫する

「大切なものなのですね」とその人の思いを受け入れる

集めていることに対して否定的なことを言いがちです。しかし、集めることでその人の不安が解消されているのかもしれませんので、そのような気持ちを受け入れて**「〇〇さんにとって大切なものなのですね」**と話しましょう。そして、紙類であれば**「ここにもまだありますよ。欲しいときは言ってください」**と伝えれば、いつでももらえるという安心感をもつことができます。集めているものが食品などで困っているときは、本人の同意を得て少しずつ処分します。

物を集めている認知症の人は寂しさや不安を抱えている可能性があるので、関わる時間をできるだけ増やし、その人が今いる場所で安心して生活できるようにサポートしていきましょう。

トイレットペーパーを集める

集めていることに協力的な姿勢を示す

「ここにティッシュペーパーを置いておきますね」

白石静子さん（91歳）アルツハイマー型認知症。利用しているデイサービスでは、豪快に食事を食べ、ひとりで塗り絵や絵本に夢中になっている。

物を集める人へのケアに役立つ3ステップ

STEP

STEP1 思いを「聞く」

できるだけほかの人に気づかれないように集めている人の場合は、集めていることについて聞くと「知らない」「私じゃない」と言って不機嫌になってしまうことがあります。そこで、あえてそのことには触れず、その人の今の思いを聞くような会話の時間を取るようにしましょう。信頼関係を築くために大切なことです。

STEP2 情報を「集める」

寂しさや不安を打ち消すために、物を集めていることがあります。5つの要素から、以下のような「寂しさや不安感」を想像することができます。

障害

わからないことが増えて、不安やイライラを抱えている（記憶障害、見当識障害、失行など）

伝えたいことがうまく伝えられなくてイライラしている（失語）

健康

視力が低下し、目の前のものがよく見えなくてイライラしている

聴力が低下し、誰かが自分のことをバカにしていると思い込んでいる

生活

昔から大切にされていないという思いがあるため、

塗り絵が好きな静子さん。色鉛筆を紙で包んでいたので、暇になっているのかと思い、塗り絵をすることを誘いました。

愛着・結びつき

静子さん、塗り絵をしませんか？
今はいいです

しばらくしたらまたトイレに行きトイレットペーパーを入れてくる…
あれ？またお腹が膨らんでいる

トイレットペーパーをポケットに入れていることがわかっても、あえて声をかけず、見守ります。

不安がある

性格

寂しがり屋のため、今いるところで孤独を感じている

人と話をするのが苦手なため、話す人がいなくて寂しい

環境

入院したり、高齢者施設へ入居したりして間もないため、不安がある

親しい人が近くにいないため、孤独を感じている

STEP3 ニーズを「見つける」

理由が想像できたら、それに合うケアの方法を考え、話しかけましょう。

大切なものやその背景などを考えてみると、その人の人柄や時代の背景などに触れることができます。

寂しさや不安を感じているときは、その人の気持ちを受け止めて、信頼関係を築くことを大切に考え、接していくようにしましょう。話を聞く時間をできるだけもつことが重要です。

トイレットペーパーの代わりにティッシュペーパーを持ってきました。これも折りたたんでポケットに入れて、最後は家まで持って帰りました。

静子さんへのケア案

デイサービスでは、まわりの人と関わりをもつことがほとんどないため、暇になるとトイレに行き、トイレットペーパーを持って帰ってくるように思えます。

ボールゲームが好きだということがわかったので、これからも集団でのレクリエーションにできるだけ誘ったり、静子さんとゆっくりお話をする時間を取るようにしたり、関わりを増やしていきます。

歩き続ける

なぜかを考える

最初の目的を忘れてしまうから ただ歩いているように見えるだけ

たとえば、タオルを取りに別の部屋に行ったけれど、着いた途端に「あれ、何をしに来たのかな?」と、来た理由を忘れてしまうことはありませんか。

認知症の人は記憶障害があるため、そのようなことがよく起こり、そうなると最初の目的を思い出すことはできません。「トイレに行きたい」「家に帰りたい」「飲み物がほしい」などという思いがあり、歩き始めたとしても、途中で目的を忘れてしまい、歩き続けてしまうことがあるのです。理由を聞かれても思い出せないのですから、答えないでいるとまわりの人からは「理由もなくただ歩き回っている」と思われてしまいがちです。でも本当は理由があるはずです。

聞き方・話し方を工夫する

「一緒に行かせてください」などと話しかけて寄り添い、話を聞く

その人が歩き続けているとき、たとえ目的は忘れてしまっていても、行かなくてはいけないという思いは心にあります。そのため、「行かないで」「ちょっと待って」と歩くのをやめさせるような話しかけ方をすると、「邪魔をしないで」と思うでしょう。そこで、歩き続けていたら、一緒に歩いてみましょう。**「一緒に行かせてください」**などとお願いをして、邪魔にならないように歩きながら少しずつ話をして、自分は安心できる人間だということをわかってもらいましょう。そして歩いている理由が聞けそうなら聞いてみます。疲れが見えてきたら、**「そろそろ戻りませんか」「休憩しませんか」**などと話しかけて、戻ることを提案してみます。

いつも外へ行き、歩きながら掃除をする

歩いたり、出先で何かをすることを肯定する

「おかげで外がきれいになりました」

田島洋次さん（83歳）アルツハイマー型認知症。小規模多機能居宅介護を利用。体は元気で走れるほど。意思疎通が難しく、会話が成立しない。片付けや掃除が好きで、じっとしていない。

STEP

歩き続ける人へのケアに役立つ3ステップ

STEP1 思いを「聞く」

理由が聞けそうなときは、聞いてみます。歩いている様子などから、なんとなく理由がわかるときは「**トイレですか?**」「**お腹が空きましたか?**」などと、「はい」「いいえ」で答えられる質問をしましょう。「どうしたのですか?」と質問すると、失認などがある場合はトイレに行きたくても「トイレ」という言葉が出てこないことがあるためです。

それ以外のときは、「**何か用事がありますか?**」と質問してみたり、「**今日は天気がいいですね**」と共有できることで話しかけてみたりしましょう。「今いる施設や病院に慣れず、孤独やストレスを感じているため、安心できる家族のいる場所や自分の家に戻りたい」という理由で歩き続けているケースがあります。施設や病院が安心していられる場所であることを、表情や触れることで伝えながら、話を聞くことから始めましょう。

STEP2 情報を「集める」

歩きまわる理由は人それぞれですが「家に帰りたい」「ここから逃げたい」「行きたいところがある」というのがよくある理由として考えられます。

洋次さんはいつも外を掃除したくて出て行くため、外に出て行くときには「外が気になりますか」と声をかけています。

たずさわること

見守りつつ、一緒に掃除を楽しみながら、「今日は葉がたくさん落ちていますね」「寒いですね」などと、共有できる話題で話をします。一緒に行動し、同じことをする(落葉拾い、掃除等)ことで、その楽しみときれいになった喜びを洋次さんと共感することができます。顔を覚えてもらうこともできます。スタッフは洋次さんにとって安心できる人であることをわかってもらえるでしょう。

共にあること

疲れたころに、戻る提案します。

くつろぎ

5つの要素から、以下のような「歩きまわる理由」を想像することができます。

障害
歩き始めた理由を忘れてしまう（記憶障害）
トイレに行きたいけれど、トイレの場所がわからない（見当識障害）
見えないものが見えたことで、恐怖や不安がつのり、今いる場所から逃げたいと思う（幻視）

健康
お腹が痛くて、じっとしていられず歩く

生活
長年働いていた仕事場に行きたいと思う

性格
不安を抱きやすいため、今いる場所が落ち着かない（安心することができないので家に帰りたい）

環境
疎外感や孤独感をもっているため、自分の本当の居場所である家に帰りたい
うるさい、寒い、くさいなど不快な環境から逃げたい

STEP3 ニーズを「見つける」

理由が想像できたら、それに合うケアの方法を考え、話しかけましょう。

歩き続けている人は、消費エネルギーが多いため、食事のカロリーが足りていないことがあります。なかには、お腹が空いて夜中に起きたり、隣の人の食事を食べる人もいます。日中の運動量が多い場合は、栄養士と相談することも大切です。

ただいま！洋次さんのおかげで外がキレイになりました

帰ってきたら、洋次さんが外でしてきたことを伝えます。そして、それが、みんなにとってとてもよいことであったことも伝えます。スタッフはお礼を言います。

洋次さん、ありがとうございます！

洋次さんへのケア案

施設に戻ったあとは満足されたようで、落ち着いてデイルーム内で過ごされています。洋次さんはもしかしたら、仕事をしにデイサービスに来ているのかもしれません。洋次さんの行動を制止、否定するのではなく、満足するまで思うように行動してもらいます。施設に来ることが洋次さんの生活の一部になっていくために必要なことだと考えています。

アイデンティティ

大きな声を出す

なぜかを考える

不安や寂しさ、つらさなどを叫ぶことで訴えている

「おーい」「うー」「いー」というような大きな声を出しているのは、その人に何か訴えたいことがあるからです。言葉でうまく伝えられないため、叫ぶことで訴えようとしているのです。

訴えたいことは人それぞれです。眠れない、お腹が空いた、トイレに行きたいといった生理的な欲求や、痛い・かゆいといった体の苦痛、寂しい・不安といった心の苦痛、うるさい・寒いといった環境に対する不満。ほかには幻視、レム睡眠行動障害など。声だけでなく表情や動作も合わせて観察して原因を考えてみましょう。

特に、孤独感や疎外感を感じていることから大きな声を出して寂しい・不安だということを訴えているケースが多く見られます。

聞き方・話し方を工夫する

「どうしてですか?」または「はい」「いいえ」で答えられる質問を

まずは、その人に今の気持ちを聞くことが大事です。**「大きな声を出しているのはどうしてですか?」**と話しかけてみましょう。上手に答えられない人に対しては**「寒いですか?」「お腹が空きましたか?」**などと、「はい」「いいえ」で答えられる質問をしてみます。または、絵のカードなどを利用し、視覚を使ったコミュニケーションも取り入れてみましょう。

声が大きくなる理由として、その人が訴えたいことをケアをする側がいつまでも気づかずにいることも考えられます。大声を出す人に対しては、できるだけ一緒にいる時間を作り、触れることも取り入れながら話を聞き、安心してもらえるような話し方をしましょう。

いつも「おーい」「おーい」と呼び続ける

大きな声を出している理由を聞く

「なぜ、いつも“おーい”と呼んでいるのですか？」

田代稔さん（90歳）　アルツハイマー型認知症。白内障があるため視界が狭い。両手指に拘縮があり、物がつかみにくい。グループホームに入居して約1ヶ月。

1 2 3 STEP

大声を出す人へのケアに役立つ3ステップ

STEP1 思いを「聞く」

その人の話を聞くことがとても大切になります。思いを受け止めて、ときには「**~なお気持ちなんですね**」と、その人の気持ちをそのまま伝えるようにしましょう。そして、その人が何を訴えようとしているのか、探るようにします。

STEP2 情報を「集める」

自分でうまく説明できずに大きな声をあげることで訴えているという状況がほとんどなので、できるだけその人の情報を集めて、何を訴えようとしているのか考えていきます。

5つの要素から、以下のような「大声を出す理由」を想像することができます。

障害

今、自分がどこにいるのかわからなくて、それを聞きたいと思っている（記憶障害、見当識障害）
伝えたいことがうまく伝えられない（失語）
見えないものが見えてパニックになる（幻視）
レム睡眠時に体が動く。夢と同じ行動をする（レム睡眠行動障害）

健康

便秘でお腹が痛い
口の中が痛い（口内炎）
眠れない

「おーい、という声が聞こえたので稔さんに、どうしましたかと聞いても、何も言ってもらえないから、どうして呼ぶのかわからない」とほかのスタッフは言っていました。そこで、稔さんの話をじっくりと聞こうと思い、話しかけて、稔さんが言葉を発するまで待っていました。

しばらくしたら、ゆっくりと稔さんは話し始めました。稔さんの不安や思いについてしっかりと聞く姿勢をもちました。

愛着・結びつき

生活 性格 環境

うつのため不安になる

意識が急に変化したり、午前は穏やかだが、夕方に大声を出すときは、せん妄（P18参照）を疑う。せん妄は痛みや脱水、睡眠薬の副作用など身体疾患や薬の副作用でも起きるので注意を

大事な盆栽が近くにない

依存性が高いので、近くに誰かいてほしいと思う

暑い、寒い、うるさい、まぶしい、暗い、くさいなどの理由で不快になる

施設に入所したばかりで家族から離れて寂しい

緊急入院して不安や孤独を感じている

STEP3 ニーズを「見つける」

理由が想像できたら、それに合うケアの方法を考えましょう。

その人が訴えたい具体的なことに対してだけでなく、表面には見えない心の中にある寂しさや不安に対しても、心配りをしましょう。そのためにも、大声を出しているときは、必ずその人の気持ちを聞き、話しかけて、安心してもらうことが大切です。

話を聞きながら、手をマッサージしました。稔さんの思いに応えるように、家族に電話することを伝え、また体のどこが痛いのか確認しました。

くつろぎ

ナースコールの押し方をもう一度説明し、寂しくなったら押してくださいとお願いしました。

愛着・結びつき

稔さんへのケア案

稔さんが家に帰りたい、体が痛いと訴えている背景には、施設入所についての不満や不安があるのではと思いました。まずは、短時間の関わりではなく、しっかりと稔さんの思いを聞くようにします。物がつかみにくいことなど、生活の不自由さについても共感し、思いやりやさしさで接し、稔さんの能力を発揮できるように道具などにも配慮をします。

意欲が低下している

なぜかを考える

自信をなくしたことで意欲が失われていく

料理をしなくなった、外に出たがらなくなった、趣味の将棋をしなくなった……。このような気分が落ち込んで無気力な状態になることが認知症の人にはあります。これは、脳の前頭葉における神経伝達物質の調整障害が理由として考えられています。しかし、それだけでなく、障害を抱えた認知症の人は「何をやってもうまくいかない」と自信をなくし、「失敗したくない」という思いもあって、意欲を失っていくことがあります。さらに、まわりの人たちが「失敗するからやらせない」ことも意欲低下に拍車をかけています。

実行機能障害があるため、何をしたらよいのかわからず、意欲が低下している人もいます。

聞き方・話し方を工夫する

「どちらにしますか?」と選択してもらうことから始める

自ら動き出すチャンスを作っていきましょう。そのためにまずできることは「自分で選択」してもらうことです。たとえばジュースを飲むときも**「りんごとみかん、どちらにしますか?」**と選んでもらいます。自分の意思で決定していくことが増えると自信が回復してきます。毎日の食事や排泄などについても、自分でできることは、失敗してもいいのでしてもらいましょう。

また、実行機能障害があるため、何をしたらよいのかわからない場合は、たとえば昔好きだった趣味（生け花や囲碁など）や料理などに誘うと、できることがあります。**「一緒にやってみませんか?」**と誘ったり、**「お手伝いしていただけますか?」**とお願いしてみたりしましょう。

寝てばかりいて、部屋から出てこない

昔好きだったことをするレクリエーションに誘ってみる

「昔生け花をされていたんですよね」

野田初子さん（81歳） アルツハイマー型認知症。左手指の変形、失語がある。高齢者施設に入居して3ヶ月。ほとんど部屋にこもりっきりになっている。

STEP

意欲が低下している人へのケアに役立つ3ステップ

STEP1 思いを「聞く」

気分の落ち込みが見えるときに**「お元気がないですね」「何かありましたか？」**と聞いてみましょう。何か理由を話してくれるかもしれません。もしも、今までしていたことをしなくなったことが気になるときは、その理由を聞いてみましょう。「面倒だから」「つまらないから」という答えが返ってくるかもしれません。その場合は、責めたりせずに、**「面倒なんですね」**と反復して、気持ちを受け止め、話を聞きましょう。

STEP2 情報を「集める」

5つの要素から、以下のような「意欲低下の理由」を想像することができます。なお、気分の落ち込みや無気力さが、意欲低下ではなく、うつ状態である場合があります。

障害
適切な順番で家事をしたり、衣服を着ることができなくなったので自信がなくなった（実行機能障害）

健康
便秘でお腹が痛くてやる気が出ない
眠れず疲労感があり、やる気が出ない
うつにより、気分が落ち込む

生活
脳梗塞を起こしてから、自分はもう何もできな

こんにちは、山本です。初子さん 今から生け花をするそうですよ。一緒に行きませんか
車椅子に乗って行きましょう

初子さんは昔、生け花を楽しんでいました。そこで、今日のレクリエーションが生け花なので、誘ってみます。声をかけたあと、顔の表情から興味をもってくれたことがわかったので、車椅子に乗っていくことを提案します。

アイデンティティ
たずさわること

移動しているときも、生け花を話題にします。生け花をしに行くことを途中で忘れないためと、昔のことを思い出してもらうためです。

アイデンティティ

初子さんは昔 生け花をされていたんですよね

テーブルに着いたら、すぐに生け花を始めるのではなく、もう一度「生け花をしませんか？」と誘います。そして、お花に興味をもってもらうために、可能であれば香りを嗅いでもらいます。

くつろぎ

初子さん生け花をしませんか?
いいにおいがします。嗅いでみますか?

- いと思い、寝てばかりの生活をしている

性格

- 失敗するのが怖くてやる気が出ない
- 失敗すると、「もうしなくていい」と他の人に言われる

環境

- できるのに、先に他の人にされてしまう（支援と言って、できることもされてしまう）
- 施設に入所したばかりで家族から離れて寂しい
- 緊急入院して不安や孤独を感じる

STEP3 ニーズを「見つける」

理由が想像できたら、それに合うケアの方法を考えましょう。

実行機能障害のために、やりたくてもどのようにやったらいいのかわからず、意欲が低下している場合は、何かを一緒にやってみるといいでしょう。その場合は、その人が好きなこと、得意なことを選ぶようにします。そして、可能な限りできる部分は自分でしてもらい、できない部分はサポートすることで、自分でもできるという自信をもってもらい、楽しんでもらうことを大切にしましょう。

最後には、誘いに応じて生け花をしてくれたことに対してお礼を言います。寝てばかりの初子さんは、座っているだけでも疲れを感じているかもしれません。様子次第では「お部屋で横になりますか？」と聞いてみましょう。

初子さんへのケア案

ほとんど一日中、部屋に閉じこもり、ベッドに横になっている初子さん。家族によると、左手指の変形があるため、もう自分では何もできないと思い込んでいるところがあるそうです。趣味の生け花を施設のレクリエーションに取り入れて、参加してもらうことで意欲と能力を引き出すことができるようにします。

初子さんの意欲と能力を引き出す話しかけをします。お花を選んでもらい、挿す位置を決めてもらい（挿すときはスタッフが手伝います）、挿した位置がよいか確認してもらいます。そして次はどのお花がいいか選んでもらう……。できるだけ本人に選択してもらうような話しかけをします。

ないものが見える（幻視）

なぜかを考える

レビー小体型認知症の人に多く現れる。誤認妄想の場合もある

そこにはないものが見える、ある物を見たときに別のものに見える（ハンガーにかけた服が人に見えるなど＝誤認妄想）といった症状は、レビー小体型認知症における大きな特徴のひとつといえます。レビー小体型認知症では、脳の後頭葉の視覚領域の機能が低下していることに加えて、注意覚醒レベルが変動するため、認知機能障害に基づく幻視や誤認が多いようです。

幻視の場合、「3人子どもがいる」などと具体的なものが見えるケースや、「あそこに何かいる」といったなんとなく見えるケース（実体意識型）があります。幻視に驚いてしまい、パニックになってしまうこともありますので、その後の動きにも注意が必要です。

聞き方・話し方を工夫する

「嫌ですね」などと共感する気持ちを言葉で伝える

その人には見えているのですから「うそを言っている」というような話し方をしてはいけません。**「私には見えないけれど」**と真実を伝えながらも、そこにないものが見えて怖くて嫌な思いをしていることに対して、共感的な言葉をかけましょう。**「怖いですね」「嫌ですね」**など、もしも自分が同じ思いをしたらどんな気持ちになるのか想像しながら言葉を選びます。

そして、その人がパニックになったり、強い不安を感じていたりするときは、場所を変えて、その人の思いを聞きましょう。**「怖かったですね」**などとつらい思いを受け止めながら、ときには背中や手に触れて、安心感をもってもらえるような姿勢で対応しましょう。

いないのに「虫がいる」と言う

その人の怖くて嫌な思いを共感し、ともに行動する

「虫が見えるなんて、怖いですね」

古賀勝一さん（76歳）レビー小体型認知症。パーキンソン症状がある（筋肉が硬くなり、手足の動きがぎこちなくなる。顔の筋肉も動きにくくなるため、表情が乏しくなる）。グループホームに入居して1年。

STEP ないものが見える人へのケアに役立つ3ステップ

STEP1 思いを「聞く」

不安な気持ちを支えながら、何か見えたことで、どんな思いでいるのか、じっくりと話を聞きましょう。聞いてもらえるだけでも、その人は安心するでしょう。ときには触れて、自分が近くにいるから安心してください、という気持ちを伝えましょう。

STEP2 情報を「集める」

5つの要素のなかでも、健康（薬）、環境が大切になります。

障害 ないものが見える（幻視）

健康 薬の副作用により幻視が起こる

環境 ハンガーに洋服がかけてあると、夜暗い部屋の薄明りの中で、子どもや人がいるように見える場合がある

物の形や光、色の変化により、蛇や虫がいると誤認する

STEP3 ニーズを「見つける」

理由が想像できたら、それに合うケアの方法を考え、話しかけましょう。

ハンガーにかけた洋服が人に見えるときは、そ

虫がいるという勝一さんの言葉を反復することで、思いを受け取ったことを伝えます。

自分には見えない、という事実は伝えますが、勝一さんはその表情から怖い、嫌だと思っていることがわかるので、「怖いですね」などと、勝一さんの思いを言葉にして理解していることを伝えます。

れを取り除きます。
幻視は暗い場所で起こりやすいため、部屋が暗いときは電気をつけて明るくします。「何かいる」という場所に近づき、気になる部分を触り、「まだここにいますか？」と聞いてみるのもいいでしょう。

寝ぼけているときに幻視を見ることもあります。そこで、しっかりと目覚めてもらうために、冷たいタオルで顔を冷やしたり、冷たい飲み物を飲んでもらうのもいいでしょう。

こんな例があります。美紀さんの義理のお母さんである公子さんは、夜、幻視が現れ、自分の部屋の中に虫がいると言います。そうしたときは、美紀さんは消臭スプレーを持ってきて、部屋の電気をつけたあと、「これで虫がいなくなるといいけれど……」と言いながら、虫がいるというところに向かってスプレーします。そして、「お母さん、虫、いなくなりましたか？」と聞くと「ああ、いなくなったかなぁ」と言うそうです。虫がいることを否定せず、公子さんの気持ちに寄り添い、なんとかしてあげたいという美紀さんの思いが公子さんに伝わるのではないでしょうか。

幻視は暗い場所で起こりやすいので、部屋の電気をつけて明るくします。気分転換をしてもらうため、場所を変えてお茶を飲むことに誘います。

くつろぎ

冷たいタオルで刺激を与えてしっかりと目を覚ましてもらいます。

くつろぎ

しばらく話をしていると、勝一さんが「戻る」と言います。部屋まで一緒に行き、ベッドに横になったことを確認してから電気を消します。

勝一さんへのケア案

勝一さんは１年くらい幻視に悩まされているので、部屋で虫が見えたときも慌てることはありませんでした。しかし、不快であることはよくわかったので、場所を変えてリフレッシュしてもらったところ、落ち着くことができました。安心するともう幻視は現れないようなので、何か見えるときは寄り添い、リフレッシュしてもらいます。

繰り返される行動がある（常同行動）

なぜかを考える

自分の中でやるべき行動の順序が決まっている

「同じことを繰り返している」ことを常同行動といいます。内容はさまざまです。たとえば、毎日、同じ時間に家を出て、同じ道を歩き、途中で立ち寄るお店も買うものも同じ、帰る時間もほぼ同じという行動をするケースがあります。ほかにも、同じ言葉を繰り返す、同じものばかり食べる、同じ席に座る（座りたがる）、繰り返し膝を叩くなどがあります。

たとえば、いつも行く酒屋からお酒を持ってきてしまう、という反社会的行動が常同行動になることがあります。その場合は、行動の形を違うものにする工夫が必要です。常同行動は自分では止められないいため、遮られるとどうしていいのかわからず、パニックになります。

聞き方・話し方を工夫する

迷惑でなければ見守り難しい場合は代案を考える

その常同行動が誰かに迷惑をかけないのであれば、見守るようにしましょう。そして、できるだけ、その行動が継続できるように支援します。たとえば、草むしりが繰り返されるなら、できる場所を見つけます。むしる草がなくなったら、またほかの場所を探しましょう。

しかし、誰かの迷惑になったり悪い影響を与えたりするときは、やめさせるのではなく、違う形に変えるようにします。たとえば新聞に線を引くことが常同行動としてある場合、たとえ人が読んでいる新聞であっても線を引こうとするときは、**「部屋に新聞を持っていきますね」**と言って、毎朝、その人が線を引くための新聞を部屋に持っていくなど工夫をします。

花瓶の花をむしり続ける

行動が続けられるように形を変える

「一緒に草むしりをしませんか？」

牧野清さん（74歳）前頭側頭型認知症。農家に育つ。家族によると、認知症になってから無気力に。髪や洋服にこだわりがあった清さんですが、今ではまったく構わなくなった。小規模多機能型居宅介護を利用し始めたばかり。

繰り返される行動がある人へのケアに役立つ3ステップ

STEP

STEP1 思いを「聞く」

常同行動が見られるとき、その行動を制止すると怒りだしたり、不機嫌になったりすることが多くあります。行動の最中に危険がないか見守りながら、行動を制止するのではなく、タイミングよく一緒にお茶を飲まないか誘って、現在の気持ちを聞いてみるのもいいでしょう。

STEP2 情報を「集める」

5つの要素のなかでも、脳の障害と、どんな常同行動があるかを調べることが大切になります。

障害
同じ言葉を繰り返したりする。残された言語機能を使ってなんらかのコミュニケーションを試みていると考えられる場合もある

健康
頻尿のため、繰り返しトイレへ行く

STEP3 ニーズを「見つける」

その人に今、現れている常同行動は、その人にとって「繰り返さずにはいられないこと」です。そのため、それを楽しめるような環境作りができるのか、スタッフも一緒に楽しむことができるのかを考えましょう。

もしも、その常同行動が誰かに迷惑をかけてい

清さんは、デイサービスで花を飾っていたところ、数ヵ所の花瓶の花をむしってしまいました。このときは止めずに、よく観察をしています。

たずさわること

農業をしていたころの草むしりを思い出しているのかと思い、外の花壇に生えている草をむしってもらおうと考えました。

愛着・結びつき
たずさわること

るようなものであれば、工夫をして違う形にしましょう。
施設のデイルームで、いつも同じ椅子に座ることにこだわる人もいます。一見、わがままに見えるかもしれませんが、自分でコントロールすることができない、こだわりのある行動であるため、理解することが大事です。そして、その椅子をその人のために空けておくといった協力が欠かせません。

清さんは目の前にある30㎠のスペースに生えている草だけをむしっていたので、隣にも草が生えていることを伝えて「次はこちらをお願いします」と言って、草むしりが続けられるようにします。

たずさわること

清さんはとても集中して草むしりをしています。きれいにむしっている姿に「上手ですね」と声をかけたり、「ありがとうございます」と、むしってもらったお礼を言います。

たずさわること

清さんへのケア案

清さんは草むしりを夢中でしていました。自分の畑で作業をしているように感じていたのかもしれません。デイサービスに通われたばかりなので、まずは信頼関係を築くためにもできるだけ清さんと話をして、関わりをもっていきます。草むしりが常同行動になるとむしる草がなくなったときに困るので、それに代わることとして植物の水やりなどを清さんが楽しんでくれるか、様子を見てみます。

column

「本人の思い」の理解につながる言葉を意識して使う

たとえば、介護の場において「ハルさんは17時に帰宅願望がありました」と申し送られる場合、「帰宅願望」という言葉そのものに焦点があたり、ハルさんのその状況に至るまでの背景や思いの理解が困難となるように思います。「ハルさんは17時に、家の人が夜まで帰ってこないからご飯を作らないといけない、だから帰りたいと言っていました」と申し送られたほうが、本人の思いの理解につながるのではないでしょうか。

このように、専門職の間でよく使われる言葉の中でも、繰り返し使うことにより、知らず知らずのうちに思考力の低下につながり、ひいては組織のケア文化にもよくない影響を及ぼす可能性がある言葉があると思います。

たとえば「大声を出す問題行動がありました」というのは「“おーい”という大きな声を出すというご本人からのサインがありました」、「傾眠傾向にありました」というのは「ウトウトと車椅子に乗ったまま眠ったり起きたりしていました」といった表現をすることで、それを聞いたスタッフは、本人の状況や思いを想像することができるのではないでしょうか。

暮らしの場で何気なく使われている言葉を内省する機会は、認知症とともに生きる人の理解を進めるうえでの意識の変化のみならず、ケアをする人（スタッフ）の言葉遣いに影響を与えることができます。意識の有無を問わず、言葉遣いは組織の先輩や上司の影響が大きく、組織の文化として代々引き継がれます。そのため、個人の問題としてではなく、組織全体でともに考え、変えていく必要があると思います。

社会福祉法人 太樹会　和里（にこり）®
吉川聡史、安田知美

あとがき

認知症の人とのコミュニケーションをどのようにされていますか？

認知症の人を否定しない、目線を合わせて、耳の近くでわかりやすく話す、とよくいわれています。しかし、実際には、なかなか通じない、わかってもらえない、と困難に感じている方も多いと思います。

認知症の人は、私たち以上に感受性は豊かにもっている、私たちと同じひとりの人です。認知症の人には記憶や抽象的な言葉の理解が難しいなどの「苦手」もあるので、コミュニケーションにはコツや技術が必要です。

本書は、パーソン・センタード・ケアの考え方に基づいた、認知症の人、本人の意思を大切にした、認知症の人とコミュニケーションをとるときに欠かせない「聞き方・話し方」を学ぶことができる本です。

パーソン・センタード・ケアは、英国の老年心理学者トム・キットウッド教授が提唱した、認知症の人と寄り添い、信頼し合うという相互関係のもとで、その人の個性や人生に焦点を当てたケアです。現在、世界共通の認知症ケアの理念になっています。認知症の人と私たちは同じ人であり、ひとりの人として、認知症のその人を理解することがその原点です。そのため、認知機能障害を単に病気の一部と捉えずに、本書では私たち誰もがもつ「苦手」のひとつと考えています。

本書を制作するにあたり、パーソン・センタード・ケアを学び実践している看護・介護のベテランの専門家の方々への取材を行いました。皆様のご協力により、実践と経験で培った認知症の人のための聞き方・話し方の技やテクニックを体系化することができました。パーソン・センタード・ケアは認知症の人だけではなく、すべての人の尊厳を大事にするものです。本書を活用することで、あなたご自身の心も楽になることをさらに実感していただけると思います。

最後に、本書の出版に関しましてさまざまな方々のご協力を賜りましたこと、心から感謝申し上げます。

浜松医科大学臨床看護学講座教授　鈴木みずえ

一般社団法人 三豊市立西香川病院　http://www.nishikagawa.jp

高齢者に対する慢性期の医療や介護、リハビリテーションに重点を置く。ユニットケアの考え方を取り入れ、環境整備を行い、寄り添ってのケアをしながら、ケアを向上させるための勉強や研修を実施。認知症疾患医療センター、回復期リハビリテーション病棟、認知症デイケア、デイサービスなどを設置。

大塚智丈　井川咲子　臼杵寛紀　白川美昭　朝田加奈子　入江純樹

磐田市立総合病院　http://www.hospital.iwata.shizuoka.jp

「医療の原点は思いやり」を基本理念に、救急医療、周産期医療、小児医療、がん診療、生活習慣病を中心に高度急性期・急性期医療を提供している。認知症疾患医療センターを設置。また、認知症を患う入院患者に対して、急性期病院という役割に応じた高い医療サービスや安心した療養生活を提供できるように支援する「認知症ケアサポートチーム」が結成されている。

鈴木智子

医療法人社団 清山会 みはるの杜診療所
http://www.izuminomori.jp/area/miyagino/miharu_cl.html

可能な限り自立し、社会とつながりながら生きることは、人間の権利であり、その権利を本人が行使することを励まし、守り、その権利を互いに尊びながら、つむがれる物語に満ちた関わりを目指す。地域密着多機能型複合施設である清山会医療福祉グループに所属する診療所。認知症デイケア、ショートステイを併設。認知症初期集中支援チームに参画。

阿部邦彦　作業療法士　医療法人社団光久会はるのケアセンターアドバイザー
宮地寛明　介護福祉士　介護支援専門員（広島県）

参考資料

『DCM（認知症ケアマッピング）理念と実践 第8版 日本語版第4版』 ブラッド フォード大学保健衛生学部認知症学科認知症ケア研究グループ、ドーン・ブルッカー、クレア・サー著　水野裕監訳　認知症介護研究・研修大府センター
『DCM（認知症ケアマッピング）マニュアル 第8版 日本語版第4版』 ブラッドフォード大学保健衛生学部認知症学科認知症ケア研究グループ、ドーン・ブルッカー、クレア・サー著　水野裕監訳　認知症介護研究・研修大府センター
『DSM-5 神経疾患の診断・統計マニュアル』 日本精神神経学会　日本語版用語監修、高橋三郎、大野裕監訳　医学書院
『「大府センター式」コミュニケーションパック』 認知症介護研究・研修大府センター
『高齢者の安全な薬物療法ガイドライン 2015』 日本老年医学会、日本医療研究開発機構研究費・高齢者の薬物治療の安全性に関する研究研究班編集　メジカルビュー社
『認知症と共に生きる人たちのためのパーソン・センタードなケアプランニング』 ヘイゼル・メイ、ポール・エドワーズ、ドーン・ブルッカーほか著　水野裕監訳　中川経子訳　クリエイツかもがわ
『看護実践能力習熟段階に沿った 急性期病院でのステップアップ認知症看護』 鈴木みずえ著　日本看護協会出版会
『認知症ケアガイドブック』 日本看護協会編　照林社
『認知症の看護・介護に役立つ よくわかるパーソン・センタード・ケア』 鈴木みずえ監修　池田書店

編集・取材協力

（敬称略）

石原哲郎　［脳と心の石原クリニック　院長］
下山久之　［同朋大学社会福祉学部　教授］

取材協力

社会福祉法人 こうほうえん　http://www.kohoen.jp

ご利用者ひとりひとりの人格、人間性、価値観を尊重する「個の尊厳」を基本に、ひとりひとりの人生を知り、受け止め、ライフスタイルを大切にしたサービスを提供。
事業所：全国に123ヵ所。特別養護老人ホームをはじめ老人保健施設、保育園などがある。介護サービスは、ヘルスケアタウンさかいみなと、ヘルスケアタウンよなご、ヘルスケアタウンよなごみなみ、ヘルスケアタウンとっとり、ヘルスケアタウンうきま、ヘルスケアタウンにしおおい、新砂保育園・地域密着型介護施設、ヘルスケアタウンむかいはら、ヘルスケアタウン下落合

青木歩美　國本英之　倉光桂吾　小谷知江美　佐藤裕輔　佐藤義彦　杉田悌也
野坂賢一　松下奈津子　松本寛子　山中淳

社会福祉法人 沼風会　http://www.shofuen.or.jp

「こころのびのび　からだいきいき　いのちきらきら」を基本理念に、ご利用者ひとりひとりが心豊かに過ごせるよう、自己決定を最大限に尊重し、自立に向けた介護福祉サービスを提供。
事業所：特別養護老人ホーム沼風苑、デイサービスセンター沼風苑、ショートステイサービス沼風苑、グループホーム沼風苑、沼風苑指定居宅介護支援事業所

社会福祉法人 せんねん村　http://www.sen-nen.or.jp

ユニットケア、ご利用者と寄り添うケア、支配的管理をしない専門職の協働によるケアの質の向上を目指す、高齢者施設。
事業所：特別養護老人ホーム せんねん村、ケアハウス せんねん村、せんねん村矢曽根の家、せんねん村矢曽根。ほかにも、ショートステイ、グループホーム、デイサービス、保育園、ケアプランセンターなどがある。

蜂谷佐知子　神谷英津子　山口百子

社会福祉法人 太樹会 和里（にこり）®　http://www.nicori.or.jp

太樹な心で社会に貢献するという理念のもと、種々の実践では、パーソン・センタード・ケアの価値基盤で対話し、可能性を引き出し合える法人であり続けたいと考える。
事業所：特別養護老人ホーム、ショートステイ・デイサービス・居宅介護支援の事業を行う和里（にこり）、地域密着型特別養護老人ホーム和里（にこり）香芝、和里（にこり）香芝Ⅱ

吉川聡史　安田知美

監修　鈴木みずえ（すずきみずえ）

浜松医科大学医学部看護学科教授。医科学修士。医学博士。パーソン・センタード・ケアと認知症ケアマッピング（DCM）基礎トレーナー（英国ブラッドフォード大学認定）。筑波大学大学院医学研究科環境生態系専攻博士課程修了。大学院生の頃から高齢者の転倒予防の研究を始め、その後も認知症高齢者の研究を続ける。特に、認知症高齢者と介護者の生活をよりよいものにするための研究に力を注ぎ、病院や介護施設などの協力を得ながら、パーソン・センタード・ケアやタクティールケア®、音楽・動物・ペット型ロボット療法などを取り入れたケアの質の向上のための研究を進めている。監修、編集書に『看護実践能力習熟段階に沿った急性期病院でのステップアップ認知症看護』（日本看護協会出版会）、『認知症の介護・看護に役立つハンドセラピー』『認知症の看護・介護に役立つ よくわかるパーソン・センタード・ケア』（池田書店）などがある。平成27年度日本老年看護学会研究論文優秀賞受賞、平成28年度日本早期認知症学会論文賞受賞。

編集協力　佐久間尚実

社会福祉法人沼風会 特別養護老人ホーム沼風苑副施設長。沼風苑指定居宅介護支援事業所管理者。介護福祉士、主任介護支援専門員、日本認知症ケア学会認定認知症ケア専門士、千葉県認知症コーディネーター、パーソン・センタード・ケアと認知症ケアマッピング（DCM）上級マッパー（英国ブラッドフォード大学認定）

中嶋健児

社会福祉法人こうほうえん ケアハウスさかい幸朋苑施設長、介護老人保健施設さかい幸朋苑介護課長。介護福祉士、介護支援専門員、パーソン・センタード・ケアと認知症ケアマッピング（DCM）上級マッパー（英国ブラッドフォード大学認定）

STAFF
デザイン　横田洋子
イラスト・マンガ　坂木浩子
校正　聚珍社
編集・取材・執筆　早川景子

**認知症の人の気持ちがよくわかる
聞き方・話し方**

監修者　鈴木みずえ
発行者　池田士文
印刷所　株式会社光邦
製本所　株式会社光邦
発行所　株式会社池田書店
〒162-0851　東京都新宿区弁天町43番地
電話 03-3267-6821（代）／振替 00120-9-60072

落丁・乱丁はおとりかえいたします。
©K.K.Ikeda Shoten 2017, Printed in Japan
ISBN978-4-262-14591-4

本書のコピー、スキャン、デジタル化等の無断複製は著作権法上での例外を除き禁じられています。本書を代行業者等の第三者に依頼してスキャンやデジタル化することは、たとえ個人や家庭内での利用でも著作権法違反です。

23016509